O JOGO DAS MARCAS

INSPIRAÇÃO & AÇÃO

Fernando Jucá & Francisco Tortorelli

Editora
Cultrix
SÃO PAULO

Copyright © 2008 Fernando Jucá & Francisco Tortorelli

As opiniões contidas neste livro são de responsabilidade exclusiva dos autores e não refletem necessariamente a visão das empresas em que eles atuaram ou atuam.

Capa, projeto gráfico, diagramação, imagens e ilustrações:
Guilherme Galhardo - Oxyone Design
www.oxyone.com

Todos os direitos reservados. Nenhuma parte deste livro pode ser reproduzida ou usada de qualquer forma ou por qualquer meio, eletrônico ou mecânico, inclusive fotocópias, gravações ou sistema de armazenamento em banco de dados, sem permissão por escrito, exceto nos casos de trechos curtos citados em resenhas críticas ou artigos de revistas.

A Editora Pensamento-Cultrix Ltda. não se responsabiliza por eventuais mudanças ocorridas nos endereços convencionais ou eletrônicos citados neste livro.

Dados Internacionais de Catalogação na Publicação (CIP)
(Câmara Brasileira do Livro, SP, Brasil)

Bentivegna, Fernando Jucá, 1970-.
O jogo das marcas : inspiração & ação /
Fernando Jucá & Francisco Tortorelli . --
São Paulo : Cultrix, 2008.

ISBN 978-85-316-1006-6

1. Administração de produto   2. Marca comercial
- Administração   3. Marca de produtos
I. Tortorelli, Francisco. II. Título.

08-01590   CDD-658.827

Índices para catálogo sistemático:
1. Marcas : Gestão : Administração 658.827
2. Valor de marca : Gestão : Administração 658.827

O primeiro número à esquerda indica a edição, ou reedição, desta obra. A primeira dezena à direita indica o ano em que esta edição, ou reedição, foi publicada.

Edição	Ano
1-2-3-4-5-6-7-8-9-10-11	08-09-10-11-12-13-14-15

Direitos reservados
Editora Pensamento-Cultrix Ltda.
Rua Dr. Mário Vicente, 368 — 04270-000 — São Paulo, SP
Fone: 6166-9000 — Fax: 6166-9008
E-mail: pensamento@cultrix.com.br
http://www.pensamento-cultrix.com.br

"Agradeço ao Jaime Troiano e à Cecília Russo pelas lições sobre marcas e profissionalismo. Aos meus pais e irmãos, deixo aqui meu beijo por todo o resto."

Fernando Jucá

"Agradeço ao meu time de planejamento da McCann Erickson, verdadeiros apaixonados pelo mundo das marcas e fonte constante de inspiração. Agradeço também aos colegas com quem trabalhei na Unilever e na Pepsico, escolas por onde passei. À minha esposa Camila, minha mãe e meu irmão eu agradeço e dedico esse trabalho."

Francisco Tortorelli

Prefácio

Os consumidores hoje são mais críticos, mais exigentes e têm hábitos mais sofisticados. Já têm tudo, portanto, para assumirem o poder num contexto em que a oferta é maior do que a demanda.

Esta realidade gerou padrões contraditórios de comportamento nos hábitos de compra. Entre eles, o que chamamos de "economizar e esbanjar": O mesmo consumidor que está disposto a pagar R$ 5,00 em um cafezinho na Starbucks é capaz de, no supermercado, mudar a marca do seu café solúvel por outra alguns centavos mais barata, mesmo sabendo que a primeira marca escolhida é capaz de render até 100 cafezinhos. A diferença entre a "satisfação básica de necessidades" e a "experiência de consumo" está cada vez maior.

Quando o consumidor opera no modo de "satisfação básica de necessidades", impera a lógica do mercado de commodities: maximização da quantidade em função do valor investido. Quando o consumidor opera no modo de "experiência de consumo", entra em cena uma série de variáveis emocionais (confiança, carinho, gratificação, entre outras) que alteram o resultado da sua equação de valor. É neste ponto que as marcas entram no jogo. Elas transformam o que poderia ser a simples "satisfação básica de necessidades" em algo diferenciado, que tenha um significado de consumo especial. As marcas re-significam o ato de consumo, criando muitas vezes desejos que o consumidor nem sabia possuir – e o convencendo a pagar um valor diferenciado por elas. Ele está, afinal, vivenciando uma experiência única.

Este livro explica, de maneira autêntica porque baseada na experiência dos autores, o que é planejar e construir marcas. As páginas a seguir transmitem coerência entre discurso e prática, onde cada assunto apresentado é seguido de exemplos extraídos da prática profissional.

Jucá e Tortorelli falam de maneira simples sobre temas bastante complexos, sem prejuízo para a teoria e a abstrata realidade da construção de marcas. A jornada se inicia pelo "insight", passa pelo conceito, desenvolvimento de produto (ou serviço), caminhos de comunicação (conteúdo e forma) e chega a temas como a extensão de linha e de marca, "crossbranding" e gestão do time de marca.

Nisso tudo, dois aspectos chamam a atenção. O primeiro deles é a noção ampla de marca com que trabalham os autores, permitindo que os modelos e experiências relatados tenham amplas possibilidades de aplicação. O outro é que, ao ler o livro, constatamos que a marca e todo o ferramental de gestão transcendem a área de interesse particular dos profissionais de marketing, passando a fazer parte da cultura geral. Talvez por isso o livro se mostre interessante tanto para quem é iniciante no jogo de construção de marcas como para quem já tem anos de janela. A abordagem informal e acessível, por sua vez, torna o livro interessante também para quem não está lá nem cá, mas simplesmente se interessa pelo assunto.

É rigoroso o tratamento que os autores dedicam à gestão de marcas. Convidam-nos à busca de "insights" verdadeiros através do ouvir, sentir, observar e viver junto ao consumidor com sincera ingenuidade, característica que muitas vezes serve de antídoto para verdades pré-concebidas. No entanto, quando o assunto é posicionamento, nada de ingenuidade. Todo cuidado é pouco na hora de oferecer retorno ao consumidor, já que mesmo a mais inocente das decisões pode ser capaz de construir – ou destruir – uma marca.

Para terminar, algo que permeia todo o livro: a noção de que, para dotar um produto (ou serviço) de personalidade e de uma marca diferenciadora, não bastam apenas razão e planejamento. É condição sine qua non o envolvimento emocional. Vem dele a inspiração para que as ações de marca tenham força de convencimento através da autenticidade. É assim que necessidades são transformadas em produtos dotados de personalidade. É assim que são construídas as marcas.

Fabio Paiva
Gerente pesquisa de mercado
da Pepsico do Brasil - Março/2008

Índice

Parte I – Entendendo o jogo

1: Afinal de contas, o que é marca? 11

2: Um modelo de posicionamento e visão de marca 27

3: Em busca de insights 51

Parte II – Entrando em campo

4: Transformando insights em conceitos 79

5: Do conceito à comunicação eficaz 101

6: Gerando boca-a-boca sobre a marca 127

7: Os sinais da marca 147

8: Quando sinais de mais de uma marca estão juntos... 167

9: Marcas e inovação: tudo a ver 183

Parte III – Em busca de bons jogadores

10: Comportamentos que fazem das ferramentas armas poderosas 203

Entendendo o Jogo

1. Afinal de contas, o que é marca?

2. Um modelo de posicionamento
   e visão de marca

3. Em busca de insights

1. Afinal de contas, o que é marca?

O que é marca?

Uma pergunta como essa pede uma resposta assertiva, precisa, clara. Em suma, "uma definição".

Mas se você é como muitas pessoas que conheço, ficaria muito chato começar este livro com uma "definição". É como se este termo remetesse imediatamente a um mundo monótono e acadêmico.

Essa aversão ao que costumamos chamar de academicismo é, aliás, bastante típica entre os brasileiros. O que não é acadêmico é prático e tem vida. Já o que é acadêmico está distante da realidade, portanto é algo pouco útil, que só incomoda.

É como disse uma vez a filha superdotada de um amigo meu, após a quinta troca de colégio em menos de um ano: "Só espero que esse novo colégio também não atrapalhe o meu aprendizado!" Ou, como já declarava Machado de Assis, dando um basta a cambalhotas teóricas: "a melhor definição de amor não vale um beijo real da moça namorada".

Repare que estamos falando sobre a natural conexão que fazemos entre uma palavra ou ação e uma série de associações: uma definição de marca me lembraria algo X, ou algo Y. E que nesta brevíssima introdução já foi ilustrada a tendência que temos de dividir e organizar o mundo a partir de oposições binárias por meio do exemplo "acadêmico" versus "não acadêmico".

Tudo isso tem a ver com a pergunta deste capítulo. Para saber o que é marca, é preciso entender como funcionam as conexões mentais. E elas agem como um pássaro construindo o seu ninho: junta um graveto aqui, uma folha acolá e assim a morada vai se concretizando.

No entanto o fato é que, neste processo contínuo, o ninho nunca fica pronto. Se num determinado dia chove, por exemplo, metade do trabalho pode ser levado pela água e, no dia seguinte, mais gravetos deverão ser acrescentados.

É exatamente assim que as marcas vão sendo, ao longo do tempo, produzidas na mente do consumidor.

Peguemos como exemplo a Kellogg's, que entre outras coisas produz cereais infantis. O "ninho", ou conjunto de percepções em torno da marca Kellogg's, para uma criança, provavelmente será composto pelo personagem "tigre Tony", pelas novas promoções que a marca freqüentemente realiza, pelo sucrilhos sabor chocolate que ele comeu ontem...

A marca é um conjunto de percepções. Mesmo para uma empresa que vende máquinas de embalagem a vácuo e acredita que esse assunto de marca é para quem vende detergente ou bolacha.

Muita gente grande ainda acha que esse é um assunto relevante apenas para empresas de bens de consumo. Mas as tais percepções são infinitas: podem ser sobre uma pessoa, um produto ou serviço ou uma empresa de qualquer tipo.

Eu, você, empresas que vendem produtos para outras empresas ou serviços sofisticados de consultoria...tudo isso pode ser analisado pelo prisma da marca ou, em outras palavras, através de um conjunto de percepções construídas na mente de quem se relaciona conosco.

Empresas não vendem para empresas. Empresas vendem para pessoas que trabalham em outras empresas. E pessoas fazem ninhos mentais.

Já dizia uma fantástica campanha da IBM: "No one ever got fired for buying IBM" ("Ninguém jamais foi despedido por ter comprado um IBM"). A IBM entendeu bem que, por mais "técnica" que seja a sua venda, os compradores precisam se sentir seguros e confiantes, percepções tipicamente construídas em torno de uma marca forte.

A força da IBM, Kellogg's, ou qualquer outra marca de sucesso está diretamente relacionada à forma pela qual seu "ninho" foi construído no imaginário de públicos importantes para a marca.

Fortalecer marcas significa, assim, garantir que a marca esteja construída de forma *relevante, diferenciada, crível* e *focada*. Traduzindo: a marca deve ser importante para a vida do consumidor, deve haver um motivo para ele escolher a sua marca e não outra e, principalmente, não deve haver dúvidas sobre a capacidade da marca de entregar o que ela promete. Além disso, também é fundamental que a marca tenha um foco claro para a sua promessa.

Trabalhar com marcas é buscar atingir estes objetivos. E para atingilos é preciso entender de outro assunto, que chamamos de "prateleiras mentais".

Os neurologistas já sabem que a mente humana trabalha com categorias de conceitos. Acompanhar a evolução de uma criança permite perceber bem como categorias vão sendo formadas e organizadas ao longo do tempo. Por exemplo: isto é uma baleia (prateleira mental); acho que baleias são peixes (prateleira mental) porque vivem no mar; opa, nada disso, baleias são mamíferos (prateleira mental), pois amamentam seus filhos; e assim por diante.

Organizar o mundo em prateleiras mentais é muito importante para nós. É graças a esse recurso que podemos fazer inferências sobre a realidade a nossa volta. São deduções formais feitas a partir de premissas das quais, por inferência, tira-se uma conclusão. SE a baleia é um mamífero, ENTÃO ela também tem sangue quente etc.

Voltando ao mundo das marcas, uma importante decisão a ser tomada é em que prateleira mental a marca estará, ou seja, com quem a marca competirá na cabeça do consumidor e em que situações de consumo ela deve ser lembrada.

A marca Gatorade, por exemplo. Você não vai se recordar de nenhuma mensagem da marca em que pessoas estavam almoçando e bebendo Gatorade, ou vendo TV e se deliciando com Gatorade. Você vai constatar que a marca fez um trabalho bastante claro de delimitar para a marca a prateleira do "momento da atividade física".

Para não alocar a sua marca em prateleiras mentais já existentes que podem estar lotadas, é sempre possível criar uma nova prateleira mental. No caso de Gatorade, por exemplo, foi criada a prateleira dos isotônicos, bebidas específicas para quem pratica atividades físicas.

No entanto, mesmo que você consiga criar uma nova prateleira, provavelmente em pouco tempo terá a companhia de outros competidores. É o preço inevitável do sucesso.

E então começa um jogo das marcas que funciona mais ou menos assim: cada competidor tem que trazer associações que garantam que ele seja percebido como um legítimo representante daquela prateleira mental. Não dá para ser um cosmético e não falar de beleza, ou atum enlatado e não falar de sabor. Essas associações são condições necessárias para o jogo.

Necessárias, mas não suficientes. Além de estabelecê-las, a marca deve procurar trazer uma percepção mental que a destaque da concorrência, algo como prateleiras dentro de prateleiras. Um exemplo, a partir do ponto de vista de uma marca como Trakinas: "Todas as marcas de bolacha recheada são gostosas. Eu, Trakinas, também, porque sou uma bolacha recheada, mas sou mais gostosa porque..." Ou: "Todas as marcas de bolacha recheada são divertidas. Eu também, porque sou uma bolacha recheada, mas sou mais divertida porque..."

Na prática, essa busca pelo destaque normalmente pode ser descrita por meio do desenvolvimento e exploração de oposições binárias: "A marca Trakinas é super gostosa, outras marcas são apenas gostosas"; Ou "A marca Trakinas é divertida, outras marcas não o são ou são menos divertidas".

Certa vez o humorista americano Robert Benchley disse que há dois tipos de pessoas no mundo: aquelas que costumam dividir o mundo em dois grupos e aquelas que não fazem isso...

A verdade é que o conceito de oposições binárias é muito útil. Estamos acostumados a dividir o mundo em pares contrastantes: acadêmico versus não acadêmico, masculino versus feminino, escuro versus claro etc. De certo modo, só conseguimos apreender de forma completa o significado da metade de uma oposição binária por meio do sentido da outra metade: como podemos entender o conceito de escuro, sem compreender o de claro?

Falar de construção de marcas é falar de organização mental. Na prática, o conceito de oposições binárias é normalmente aplicado de pelo menos quatro formas:

1 – CRIANDO uma nova oposição binária que organize a categoria a seu favor.

1

Exemplo: surge uma inovação de produto, que permite que uma marca de sabão em pó também elimine de forma rápida toda e qualquer eventual mancha na roupa. A marca então trabalha uma nova divisão mental da categoria sabão em pó entre as marcas que também tiram manchas: "ela" versus aquelas que não têm esse poder, ou seja, "as outras".

De: "Todas lavam bem"
Para: "Também tira manchas" (minha marca) versus "não tira manchas" (outras marcas)

2 – RECONFIGURANDO os significados de uma oposição binária existente.

2

Exemplo: a marca Havaianas esteve sempre associada a "o que é básico e simples" (versus refinado e sofisticado). Historicamente essa simplicidade tinha conotações negativas, representando, por exemplo, um produto de baixa qualidade (versus outros chinelos e sandálias mais elaborados). Entre outras coisas, o que a marca fez foi reconfigurar o significado de simplicidade, fazendo com que o "ser simples" fosse imbuído de uma série de significados positivos: uma vida simples é uma vida gostosa de ser vivida, o charme é ser simples, o que é simples é democrático, original, mais descontraído... Essas novas associações foram incorporadas por consumidores das classes mais altas, que então endossaram a marca para a classe média. O grande sucesso que se seguiu como resultado você já conhece.

De: "Simples" versus "Sofisticado"
Para: "Descontraído e Charmoso" versus "Formal e Careta"

3 – REFORÇANDO a posição da marca em uma oposição binária.

Exemplo: o Banco Bradesco é grande, tem muitas agências. Ora, sendo grande, ele pode então oferecer, como nenhum outro banco, serviços completos nas mais variadas áreas.

De: "Grande" (Bradesco) versus "pequenos" (outros bancos)
Para: "Grande e completo" versus "pequenos e incompletos"

4 – EVOLUINDO a promessa da marca em uma oposição binária.

Exemplo: Toddy sempre comunicou uma autenticidade no sabor do seu chocolate: "Toddy, o verdadeiro sabor do chocolate".

Essa autenticidade de sabor, um atributo funcional e tangível de produto, vem sendo evoluída para uma dimensão de caráter mais emocional por meio dos famosos comerciais das "vacas Toddy", que falam de modo ainda mais profundo com o segmento jovem: a vaca Toddy é autêntica, cool, não tem medo de ser diferente...

Este processo não significa abrir mão de percepções estabelecidas em troca de outras novas, mas sim de incorporar credenciais ao discurso da marca. Em outras palavras, Toddy mantém sua posição como a marca do verdadeiro sabor de chocolate, mas essa percepção passa a ser inserida em um contexto mais amplo e ainda mais atraente: o das pessoas autênticas.

De: "sabor autêntico" versus "sabor comum"
Para: "marca para pessoas autênticas" versus "marcas para pessoas comuns".

Por enquanto, a moral da história é:
Cuidado, tudo constrói marca!

Lembre-se da metáfora do ninho: a marca nunca cessa de ser construída na cabeça do consumidor. E durante esta construção, tudo que a marca faz ou deixa de fazer é importante, desde o modo pelo qual a telefonista da empresa atende ao telefone até o preço comparativo dos produtos da marca em relação ao de seus concorrentes, passando pelo tipo de letra usada para escrever o nome da marca e pelo uniforme dos funcionários.

É do filósofo Gilbert Ryle o conceito "propriedades emergentes". Um exemplo adotado por Ryle para explicá-lo é o de um estrangeiro que vai pela primeira vez à Universidade de Oxford e participa de uma visita guiada no local. Depois que lhe mostram os prédios das faculdades, as quadras esportivas, as secretarias administrativas, o homem diz: "Mas onde está a universidade? Vi onde moram os membros das faculdades, onde o pessoal faz esporte, onde os cientistas fazem experiências, mas ainda não vi a universidade". É preciso então lhe explicar que a universidade não é um componente extra em adição a tudo que ele viu, mas simplesmente o modo como os prédios, as pessoas e os laboratórios se organizam.

A marca é assim: uma propriedade que emerge naturalmente do modo como a empresa é organizada. Em outras palavras: das mais variadas maneiras, e de modo independente da vontade dos profissionais encarregados de uma determinada marca, ela estará sendo diariamente modelada na mente dos consumidores.

Poderíamos dizer então que, nesse cenário, planejar marcas é não deixar que a marca seja construída ao acaso. É preciso organizar todos os sinais, atributos de produto e ações da empresa em um todo coerente, que faça sentido e que leve a marca a construir uma promessa central relevante, diferenciada, crível e focada.

No **capítulo 2**, discutiremos um modelo de visão de marca.

A lição da humildade

Note bem que, seguindo o nosso raciocínio de construções mentais, marcas não estão em uma prateleira de supermercado ou em qualquer espaço do mundo físico. Elas estão na cabeça do consumidor.

Esta constatação deve, ou pelo menos deveria, causar um profundo sentimento de humildade e respeito ao consumidor, o verdadeiro "dono" das marcas.

Acontece que muitas vezes o que os consumidores dizem não é o que eles sentem, o que torna muito mais difícil (e estimulante) estabelecer uma conexão entre eles e uma determinada marca. O que não significa fazer o que os consumidores pedem. Seria muito fácil, aliás, se fosse assim. Como você vai ver no **capítulo 3**, esta humildade significa uma persistente disposição em entender o que se esconde nas atitudes e comportamentos dos clientes.

Esta foi a primeira lição sobre marcas que aprendi. Tinha apenas 13 anos e estava na sala de casa, quietinho, disfarçado de samambaia para não incomodar ninguém, ouvindo a conversa animada entre meu pai e um amigo. Uma das histórias que ouvi – nunca soube se verdadeira ou não – versava sobre uma certa empresa que havia investido milhões no lançamento de um luxuoso sabonete. O problema era que, mesmo com aquele estardalhaço tradicional na mídia, o sabonete insistia em encalhar nas prateleiras.

Pois era justamente aí que entrava em ação o ilustre amigo do meu pai – que também atendia pelo singelo apelido de consultor. Ele contou que sua primeira iniciativa foi visitar um supermercado para observar como era o encontro entre a consumidora e o sabonete no ponto de venda. Bom, ele descobriu o óbvio: a consumidora experimenta qualquer novo sabonete, na gôndola mesmo, pelo cheiro. E a questão era que esse novo sabonete, pretensamente muito chique e elegante, tinha um invólucro especial que protegia o produto, impedindo que seu perfume fosse captado em toda sua intensidade pela consumidora.

Na época, não entendi muito bem o significado da palavra invólucro, mas lembro que pensei com meus botões: é fácil, basta tirar esse troço. Ao mesmo tempo, como se lendo meus pensamentos, o tal consultor já explicava para meu pai que isso não era possível; afinal, supermercados e atacadistas já haviam adquirido grande quantidade do produto com o tal do invólucro.

A solução proposta pelo consultor foi o lançamento de uma nova campanha de comunicação cujo slogan era: *"Sabonete X, o único que guarda o cheirinho só para você"*. O resultado foi um aumento imediato das vendas.

Na sala de casa, aplausos do meu pai que comentou: *"Parabéns, que maravilha, que frase bem sacada"*. Discordei silenciosamente do meu pai. Para mim, o ponto genial da história – que me atraiu definitivamente para o mundo das marcas – foi a disposição do consultor em ir até o supermercado e, com humildade, aprender com o consumidor.

A marca não é um truque

Há quem pense que o exercício da criatividade pressupõe liberdade absoluta. Essas pessoas espanam premissas e parâmetros e acabam transformando a história da marca em uma seqüência de ações supostamente fantásticas, mas que não colaboram para a construção de uma visão de marca estrategicamente pensada. É a marca que vive de truques pirotécnicos.

Cuidado, portanto, com essa falsa oposição binária: "disciplinado" versus "criativo".

Entre os **capítulos 4 e 9**, veremos como ser disciplinado em relação à visão da marca e, ao mesmo tempo, desenvolver ações (de comunicação, de inovação) e sinais da marca que sejam realmente impactantes e relevantes.

Empresas vendem produtos, consumidores compram marcas

Não é à toa que os profissionais que realmente sabem trabalhar com marcas são muito procurados. São eles, afinal, que vão planejar o desenvolvimento do ativo mais importante das empresas.

É simples: se a marca está na cabeça do consumidor, é por meio dela que cada novo movimento da empresa será analisado.

Há alguns anos assisti a um exercício interessante em uma sala de aula. Metade dos estudantes fechava os olhos, enquanto o professor, sem dizer uma palavra, exibia ao restante dos alunos um slide com uma descrição técnica de uma jóia (tamanho, brilho, componentes etc.) e a logomarca da Tiffany's.

O professor pedia então que esses alunos escrevessem em uma tira de papel o preço imaginado para o produto exibido.

Depois, a outra metade da sala também abria os olhos. Era então exibido um slide que o professor anunciava como sendo exatamente igual ao apresentado anteriormente.

De fato, os textos eram precisamente iguais. Mas a logomarca exibida desta vez era a do Walmart.

Bom, claro que também era requisitado que esses alunos escrevessem em uma tira de papel o preço que eles imaginavam para a jóia.

Qual o resultado?

A média de preços entre aqueles alunos que tinham visto o slide da Tiffany´s era *11 vezes maior* que aquela média obtida com alunos que leram o slide do Walmart.

É claro que Walmart é uma marca valiosa, poderosíssima. Mas é uma marca que não é reconhecida pela expertise em jóias. Por outro lado, a confiança e segurança advindas de um trabalho de marca bem feito pela Tiffany´s no mercado de jóias lhes dá uma margem de lucro maior.

Falaremos mais no **capítulo 10** sobre o perfil desse precioso profissional, capaz de trazer muito valor para as empresas por meio de um trabalho inteligente de marcas. O objetivo é entender como determinadas habilidades gerenciais permitem que todas as ferramentas discutidas neste livro possam ser utilizadas com sucesso.

Por que marcas são valiosas para o consumidor

As marcas são atualmente um instrumento fundamental de "navegação" para todos nós. Imagine tentar fazer compras em um hipermercado que possui algumas dezenas de milhares de itens diferentes, sem a ajuda das marcas. Imagine você, na frente da gôndola, lendo com calma cada detalhe das embalagens, aprendendo tudo "do zero" sobre cada produto...

Claro que essa é uma tarefa impossível de ser realizada. Marcas são essenciais para o consumidor porque elas sumarizam nossas experiências com determinados produtos e empresas. Eu aprendi com o tempo que o papel higiênico que prefiro é o da marca Personal, eu sei que a massa de macarrão de que mais gosto é a da Dona Benta...

Marcas são importantes para o consumidor simplesmente porque ele, consumidor, é humano.

Muitas pessoas gostam de dizer que o conceito de marca foi herdado dos rancheiros americanos, que costumavam marcar a fogo o seu gado, identificando o proprietário e a fazenda de origem. Mais ou menos o que aconteceu no século XIX com o início do mercado de massa e o nascimento de marcas históricas como as Sopas Campbell e a Aveia Quaker.

Mas na verdade o jogo das marcas começou muito antes. Há, por exemplo, uma marca de hotéis japonesa, a Hoshi Ryokan, que foi inaugurada no ano de 717. E os amantes de cerveja com certeza vão lembrar que a famosa marca belga Stella Artois é de 1366.

E podemos ir mais longe até as marcas de cervejas egípcias, tão valorizadas que eram colocadas nas tumbas de seus fiéis fregueses, preocupados em não passar sede em outras vidas. De tão presentes na vida das pessoas, as marcas muitas vezes se transformam em símbolos. Neste caso, a cerveja dos faraós era um sinal de riqueza e prosperidade eterna.

Signos de status, as marcas e seus produtos também sinalizam hierarquias. Basta pensar no exemplo do chefe de tribo que usa determinado colar para sinalizar o seu poder e posição no grupo. Esse colar, esse símbolo, é um precursor do conceito moderno de marca. Ou há muita diferença entre esse chefe de tribo e um adolescente que usa determinada marca de roupa para mostrar seu status no seu grupo social?

Veja o que um antropólogo americano, Leslie White, tem a dizer sobre o assunto:

"Todo comportamento humano se origina no uso de símbolos. Foi o símbolo que transformou nossos ancestrais antropóides em homens e fê-los humanos.

Todas as civilizações se espalharam e perpetuaram somente pelo uso de símbolos... Toda cultura depende de símbolos. É o exercício da faculdade de simbolização que cria a cultura e o uso de símbolos que torna possível a sua perpetuação. Sem o símbolo não haveria cultura e o homem seria apenas animal, não humano... O comportamento humano é o comportamento simbólico. E a chave deste mundo, e o meio de participação nele, é o símbolo."

Olhe bem à sua volta, dê um giro pelo seu bairro: os símbolos estão por todo lugar. Como já escreveu o escritor Ítalo Calvino, no livro *As Cidades Invisíveis:*

"Penetra-se por ruas cheias de placas que pendem das paredes. Os olhos não vêem coisas mas figuras de coisas que significam outras coisas... Outros símbolos advertem aquilo que é proibido em algum lugar – entrar na viela com carroças, urinar atrás do quiosque, pescar com vara na ponte... Mesmo as mercadorias que os vendedores expõem em suas bancas valem não por si próprias mas como símbolos de outras coisas: a tira bordada para a testa significa elegância; a liteira dourada, poder; os volumes de Averróis, sabedoria; a pulseira para o tornozelo, voluptuosidade... Como é realmente a cidade sob esse carregado invólucro de símbolos, o que contém e o que esconde, ao sair de Tamara é impossível saber. Do lado de fora, a terra estende-se vazia até o horizonte, abre-se o céu onde correm as nuvens. Nas formas que o acaso e o vento dão às nuvens, o homem se propõe a reconhecer figuras: veleiro, mão, elefante..."

Para trabalhar com marcas também é preciso estar pronto para mergulhar no mundo dos símbolos. Marcas são símbolos importantes porque nos ajudam a contar quem somos, do que gostamos, com quem queremos nos relacionar. Chaves de acesso a diferentes tribos, elas ajudam na nossa integração com o mundo.

É inegável que, hoje, as marcas fazem mesmo parte da nossa vida.

Bem-vindo ao jogo das marcas.

Entendendo o Jogo

1. Afinal de contas, o que é marca?

2. Um modelo de posicionamento e visão de marca

3. Em busca de insights

2. Um modelo de posicionamento e visão de marca

o bom arqueiro atinge o alvo antes mesmo de ter atirado >

O posicionamento como ferramenta de gestão de marcas

Qual pai nunca parou para se questionar sobre o futuro do filho que acabou de nascer? Será que ele, ou ela, vai se tornar médico(a), ou advogado(a)? Para que time será que vai torcer? Há uma série de dúvidas em relação a áreas fundamentais do desenvolvimento da criança que passam a fazer parte da agenda de preocupação dos pais logo após seu nascimento.

O mesmo acontece com os profissionais de empresas envolvidos com a gestão de marcas.

Como a marca será percebida pelos consumidores? Que espaço ela vai ocupar em suas vidas? Como criar e manter seu sucesso? Que tipos de abordagens e métodos serão usados no processo?

Vou explorar algumas destas perguntas daqui para a frente. Neste capítulo, o foco está em uma ferramenta de grande importância no processo de gestão e construção de marcas. Vamos falar sobre *posicionamento e visão.*

Ferramentas de posicionamento e visão de marca ajudam a isolar quais variáveis representam áreas de relevância a serem monitoradas e aperfeiçoadas pelas marcas para que estas se desenvolvam. Entender as variáveis componentes de um sistema para buscar formas de melhorar o funcionamento deste é uma abordagem comum a muitas áreas do conhecimento humano. Estudantes de medicina, por exemplo, precisam primeiro entender como funciona o organismo e seus vários órgãos para depois estabelecer uma lógica de causa e efeito entre diferentes doenças e seus sintomas. Somente depois de dominado esse conhecimento é que eles se tornam capazes de realizar diagnósticos e prescrever medicações e tratamentos.

Na vida de uma marca, também é importante entender quais são as variáveis-chaves que devem ser consideradas no seu posicionamento e no planejamento de seu futuro. Para isso é fundamental saber como funcionam os princípios que regem essas ferramentas. Este é o primeiro pilar do nosso modelo de posicionamento e visão de marca.

No fundo, falar sobre posicionamento significa, em primeiro lugar, entender como os consumidores percebem a marca e sua promessa central, traduzida numa oposição binária. Mas além de mapear a situação atual da marca, é preciso também saber projetar onde ela deverá estar no futuro. Será que ela explorará eternamente sua vocação original, traduzida na oposição binária que a ajudou a nascer, ou será necessária uma mudança em seu propósito de existência para que ela se mantenha presente na vida das pessoas?

Como as marcas usam as oposições binárias para atender desejos e necessidades das pessoas e assim construir um posicionamento diferenciado?

Se perguntarmos na rua quem é o Pelé, provavelmente a resposta será: é o rei do futebol! Claro que há várias outras características dele que também são relevantes. Mas de tudo o que sabemos a seu respeito, o fato de ele ter mudado para sempre a história do nosso esporte favorito é o que mais o diferencia e, portanto, é o elemento mais lembrado a seu respeito. Na verdade, muitas outras características específicas ajudam a respaldar seu título real. Quem encantou como ele o mundo do futebol, conseguindo ao mesmo tempo marcar mais de mil gols, ser bicampeão mundial interclubes, tricampeão mundial de seleções, inventor do gol de placa? A lista é extensa e renderia até um livro. Combinados, todos esses elementos suportam a afirmação de que o Pelé é o rei do futebol.

Com as marcas acontece algo semelhante. Elas buscam sempre estar associadas a uma percepção macro de grande relevância na vida das pessoas. Na verdade, elas buscam se diferenciar através de uma oposição binária fundamental que definimos como sua promessa central. Dessa forma, todas as percepções acerca da marca devem, de um jeito ou de outro, ajudar a reforçar sua promessa central e sua relevância.

Um exemplo é o caso da **marca de desodorantes Axe, da Unilever.** Uma marca que por muitos anos representou apenas uma alternativa a mais de desodorante do mercado, sem um posicionamento claro. Porém, a marca foi reposicionada e relançada para ser percebida como uma alternativa descolada e "cool", **capaz de ajudar os jovens a seduzir mulheres!**

Sua promessa central passou a se basear na seguinte oposição binária: "Outras marcas de desodorante perfumam e protegem. Mas só Axe é uma marca 'descolada' e moderna que faz isso e te ajuda a seduzir!"

A partir desse momento, todas as ações da marca passaram a ser direcionadas segundo esta escolha estratégica. Isso incluiu o desenho de embalagens modernas, fragrâncias diferenciadas, uma comunicação irreverente (com filmes premiados internacionalmente) e eventos de ativação de grande impacto realizados em casas noturnas e danceterias.

Axe se tornou um Sucesso.

Definindo um modelo de posicionamento e visão de marcas

Partindo da premissa de que todas as percepções da marca devem ajudar na construção e no reforço da oposição binária que representa sua promessa central, podemos construir um modelo baseado nas principais variáveis trabalhadas pela marca nesse processo.

Em primeiro lugar, vamos resgatar o conceito de oposições binárias e como estas são criadas.

Um aspecto a ser considerado é o fato das oposições binárias comunicarem elementos e gerarem percepções. Ou seja, como mencionamos no primeiro capítulo, as marcas se utilizam dos conteúdos existentes nas "prateleiras mentais" das pessoas, ou até mesmo desenvolvem "novas prateleiras mentais" a fim de criar e influenciar suas percepções acerca de determinados produtos, serviços, experiências etc.

Sendo assim, nosso ponto de partida é entender quem é o target de nossa marca. Quem são nossos consumidores em potencial? É preciso entendê-los não apenas em seu aspecto demográfico (idade, sexo, classe social etc.), mas também psicográfico, identificando traços específicos de comportamento e hábitos. Essa abordagem nos permite compreender as necessidades latentes desses consumidores e saber como elas podem ser exploradas através de um insight que represente uma área de oportunidade relevante para o negócio.

A área de oportunidade identificada ajudará a definir o universo competitivo a ser considerado pela marca, tanto em termos dos concorrentes diretos como também dos indiretos.

Uma marca de chocolates como a Suflair, por exemplo, compete com várias outras alternativas do mercado que atuam no mesmo segmento, como Ferrero Rocher, Bis etc. Esta é uma constatação um tanto óbvia. Mas pense bem: os chocolates estão associados a uma certa necessidade de indulgência, ou seja, a busca de 'se dar um prazer'. Sendo assim, o chocolate compete, então, com outros produtos que também representam alternativas de indulgência para o consumidor. Então poderíamos ter no mesmo jogo sorvetes e salgadinhos, por exemplo. E, ainda, se estivermos dispostos a extrapolar o universo dos alimentos, podemos incluir na discussão até mesmo categorias como cigarros e roupas. Todos estes produtos e suas marcas, aparentemente muito distantes do Suflair, mas ligados ao universo da indulgência, poderiam ser analisados nas discussões estratégicas dessa marca.

Um outro ponto importante a ser considerado em relação à definição do target é que as marcas têm considerado cada vez mais não apenas os consumidores diretos de seus produtos e serviços, mas também os grupos de influenciadores capazes de mudar as opiniões finais dos mesmos. Há diversos grupos possíveis de influenciadores como Organizações não governamentais, setores do governo, grupos de especialistas em determinado segmento de atuação etc. Uma agenda bem definida de ações de comunicação junto a influenciadores pode representar uma poderosa forma de garantir credibilidade para a promessa central da marca.

É o caso da **marca de margarinas Becel**, que desenvolveu sua promessa de marca baseada numa oposição binária criada a partir de um benefício ligado à saúde: "Apesar de gostosas, manteigas e outras margarinas podem fazer mal à saúde. Becel possui um portfólio de produtos que são benéficos para a dieta, porque têm altos níveis de gorduras poliinsaturadas e baixos níveis de gorduras saturadas."

Para garantir a credibilidade de sua promessa, Becel fez mais do que divulgar sua plataforma tecnológica capaz de produzir margarinas boas para uma **dieta saudável**. A empresa desenvolveu também um **programa de Relações Públicas junto a profissionais da área da saúde**, com o objetivo de conseguir seu aval para o consumo dos produtos Becel no lugar de outras alternativas menos saudáveis do mercado.

Enfim, para concluir o primeiro passo de nosso modelo, estamos falando da construção de percepções junto a pessoas que representam o target da marca – que em alguns casos, além dos consumidores potenciais, pode incluir também grupos influenciadores.

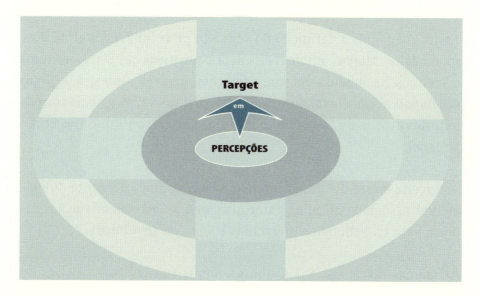

2. Um modelo de posicionamento de marca

É claro que as marcas buscam criar percepções positivas de seus produtos e serviços. Na verdade, os produtos e serviços oferecidos pelas marcas atendem necessidades dos consumidores. E quando isso ocorre, dizemos que a marca está entregando ao consumidor um benefício. Há dois tipos principais de benefícios:

Benefícios funcionais: satisfação de necessidades do consumidor associadas à resolução de tarefas práticas. Ex.: maior refrescância para um determinado refrigerante, qualidade das fotos para uma máquina digital, capacidade de memória em computador, variedade de perfumes para uma linha de sabonetes.

Benefícios emocionais: satisfação de necessidades do consumidor associadas aos sentimentos. Ex.: aceitação e reconhecimento social ao dirigir uma BMW, sentir-se poderoso com Nike, sentir-se descolado ao usar um IPOD ou um computador MAC.

Além dos benefícios, portanto, as marcas projetam também percepções sobre a personalidade de seus consumidores, construída a partir de características emocionais e elementos de associação nem sempre conscientes.

Assim chegamos à definição do segundo pilar fundamental de nosso modelo: Marcas criam percepções positivas de seus produtos e serviços na medida em que oferecem, através destes, *benefícios funcionais e emocionais*, estes últimos muitas vezes associados aos próprios traços de "personalidade" da marca (conforme ilustração ao lado).

A terceira parte do nosso modelo surge de uma pergunta fundamental associada ao pilar anterior: como as marcas criam um suporte para os benefícios oferecidos e sua *"personalidade"*?

As marcas fazem isso via atributos, sinais e ações.

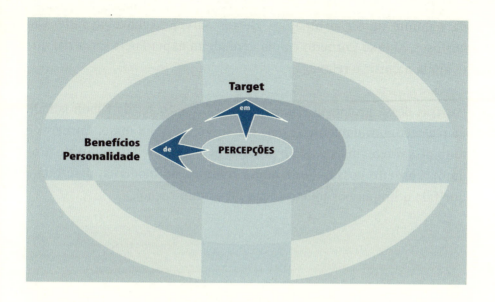

Atributos: Preço, tamanho, componentes específicos do produto ou serviço...

Sinais: Nome, quem é o fabricante, cores, design...

Ações: O que a marca já fez pelo consumidor, o que ele ouviu dizer que ela faz, experiências vividas com a marca...

Os atributos, sinais e ações funcionam como "credenciadores" dos benefícios oferecidos pela marca e de sua personalidade. Normalmente há uma relação de causa e efeito estabelecida entre atributos, sinais e ações e a entrega de benefícios funcionais e emocionais.

Vamos pensar num exemplo hipotético usando a marca de sorvetes Cornetto. Ela explora o universo de indulgência como base para a entrega do benefício emocional, na medida em que ajuda as pessoas a curtir e relaxar, mesmo nos momentos mais simples e rotineiros da vida. A marca explora também a idéia de ser mais saborosa do que outros sorvetes. Poderíamos traduzir sua promessa de marca através da seguinte oposição binária: "Outros sorvetes, chocolates etc. são gostosos. Mas só Cornetto é uma verdadeira experiência sensorial que te ajuda a curtir e relaxar".

Por trás dessa promessa está o fato de Cornetto ser da Kibon (sinal), marca reconhecidamente expert em sorvetes. Além disso, Cornetto é feito de sorvete, mais calda e pedaços de chocolate (atributos de produto). Cornetto possui ainda uma comunicação moderna, divertida e que fala a língua dos jovens (ação de comunicação).

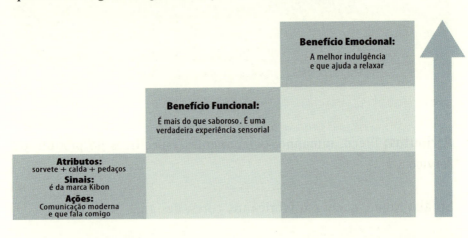

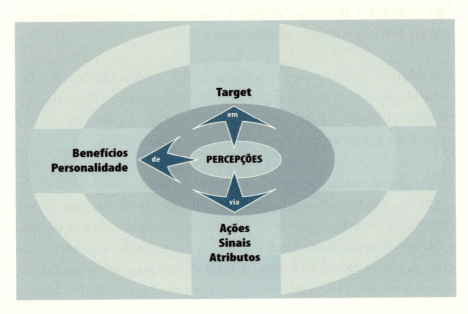

É assim, via atributos, sinais e ações, que as marcas alimentam percepções de benefícios e traços de personalidade.

É importante lembrar um detalhe fundamental: apesar de usar atributos, sinais e ações como base para garantir credibilidade às suas ofertas de benefício e personalidade projetada, há também entre as marcas uma relação de causa e efeito que pode levar um benefício emocional a ser embasado por um outro de cunho funcional, por exemplo. Da mesma forma, a personalidade da marca também pode servir de base para garantir credibilidade a um determinado benefício emocional. No caso do Cornetto, o benefício funcional de sabor superior (que denota uma verdadeira experiência sensorial) também pode servir de razão para o consumidor acreditar no benefício emocional oferecido, o de curtir o lado bom da vida e relaxar. Ao mesmo tempo, a personalidade divertida da marca Kibon também pode estar por trás da promessa deste benefício.

Os caminhos são inúmeros. A relação estabelecida entre benefícios, personalidade, atributos, sinais e ações pode ser dinâmica e envolver possibilidades variadas. Essas são normalmente exploradas através do uso de ferramentas específicas como conceitos, que ajudam a entender qual é a proposta mais relevante para os consumidores. Falaremos mais sobre a elaboração de conceitos e seu uso neste processo no **capítulo 4**.

Dito isso, chegamos finalmente à definição do último pilar fundamental do nosso modelo – a promessa central da marca.

Já falamos do modelo de variáveis que, apesar de serem externas ao ambiente das empresas – portanto fora de seu controle direto –, funcionam como base para o trabalho de construção das marcas, envolvendo target, prateleiras mentais e oportunidades de negócio.

Os outros pilares do modelo são formados por variáveis controladas pelas marcas para satisfazer às necessidades do target de acordo com a oportunidade de negócio. Dessa forma, vimos que normalmente os atributos, sinais, ações e a personalidade projetada pela marca servem para embasar as promessas de benefícios funcionais e/ou emocionais.

No entanto, independentemente de explorar diferentes benefícios e atributos em sua proposta de trabalho, as marcas fortes normalmente possuem uma oposição binária fundamental que traduz sua promessa central e que deve permanecer sempre coerente. Essa promessa central é expressa através de variadas formas de contato com o consumidor, tais como filmes, inovações, eventos etc. No caso da citada marca Axe, por exemplo, cada contato com os consumidores – desde a campanha da marca até os eventos noturnos realizados em danceterias – serve para reforçar a promessa central de "poder de sedução" conferida aos jovens por Axe.

Dessa forma, os fatores do modelo que estão sob controle da marca (atributos, sinais, ações, personalidade, benefícios) são trabalhados de forma a embasar a oposição binária que funciona como promessa central da mesma. Eles fortalecem a promessa central tomando o cuidado de jamais deixá-la confusa aos olhos dos consumidores.

Que critérios devemos usar para avaliar a promessa central definida pela marca?

A promessa central de uma marca deve corresponder a uma verdadeira oportunidade de negócio, baseada num insight sobre os consumidores e suas necessidades. Em outras palavras, ela precisa ser relevante para os consumidores.

Ao mesmo tempo, ela também deve ser diferente de propostas de outras marcas e de ofertas já existentes no mercado, abrindo uma vantagem competitiva para a marca e empresa em questão.

Uma marca forte apresenta, de forma crível, a necessidade de consumo identificada na oportunidade de negócio. Não adianta prometer algo que os consumidores não consideram factível. Ou oferecer algo que eles até consideram possível de ser entregue, mas não pela marca em questão.

Marcas fortes costumam oferecer aos consumidores uma combinação dos diferentes tipos de benefícios quando constroem oposições binárias diferenciadas. Porém, a promessa central precisa ser focada e conferir clareza e coerência à proposta da marca.

Uma promessa central focada não significa que a marca não pode explorar outros benefícios capazes de gerar percepções positivas à sua imagem. Significa apenas que o pilar central de sua proposta de trabalho deve permanecer consistente e que esses outros benefícios, quando comunicados, devem ajudar a reforçar a promessa central ao invés de colocá-la em risco.

A **marca Nike**, por exemplo, trabalha sua promessa central focada no benefício emocional associado à superação de limites, sintetizada pela assinatura "Just do it". Isso a torna mais excitante e relevante para os consumidores, comparativamente a outras marcas do mercado. Porém, ela também desenvolve o trabalho de comunicação dos seus benefícios funcionais e atributos, preocupada em não comprometer a percepção de performance superior de seus produtos no universo dos esportes.

Apesar de focar principalmente os benefícios emocionais da promessa da marca, o uso de personalidades famosas na comunicação muitas vezes revela o desempenho atingido por estas e, portanto, indica os benefícios funcionais da marca.

Ações como a realizada recentemente no mercado europeu deixam clara essa preocupação da Nike. A marca desenvolveu na Inglaterra e na França uma atividade chamada **Nike Trial Van**. Como o próprio nome sugere, a iniciativa dá aos consumidores a chance de não só experimentar centenas de modelos diferentes, mas também de fazer, literalmente, **um test drive antes de decidir pelo modelo preferido**. A pessoa escolhe um tênis, sai para um teste e volta para devolvê-lo na hora combinada. Nada mau, não é?

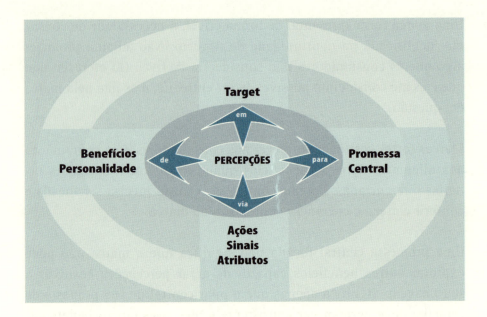

O diagrama abaixo demonstra o uso da ferramenta aplicada ao exemplo de Cornetto citado anteriormente.

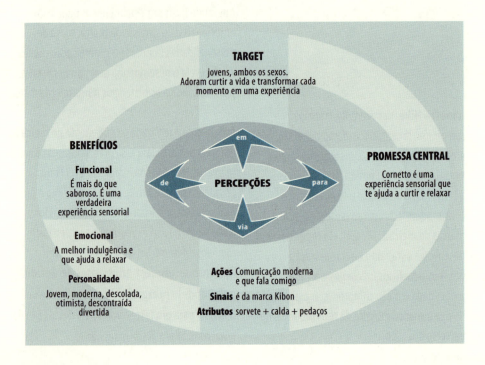

Usando ferramentas de posicionamento e visão para definir a agenda de trabalho da marca

Um aspecto fundamental do modelo sugerido aqui é a sua importância como ferramenta no trabalho de discussão e construção da marca.

O princípio desse processo é similar ao do funcionamento dos modernos sistemas de navegação disponíveis em alguns carros de países do primeiro mundo. Esses sistemas são orientados por mapas das ruas da cidade e também por mecanismos de rastreamento via satélite (GPS). E como se dá seu uso? Basicamente, o motorista precisa incluir o endereço de onde se encontra e, a seguir, os dados do local aonde deseja ir. A partir daí o sistema de navegação do computador de bordo já traça e mostra no painel a melhor rota para se chegar ao local desejado. Sistemas similares, capazes de indicar melhores rotas para se chegar a determinados endereços, já são disponíveis também na internet em vários países, inclusive no Brasil.

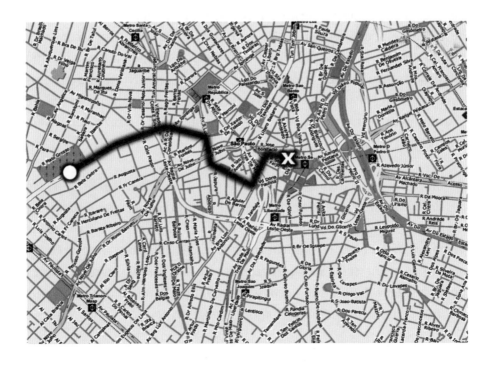

No caso do nosso modelo de gestão, o posicionamento corresponderia ao endereço em que a marca se encontra, ao passo que a visão diz respeito ao lugar onde ela pretende estar no futuro. Cabe aos times de marketing envolvidos na gestão das marcas usar o modelo para fazer duas leituras distintas: primeiramente, a fotografia atual da marca em questão. Em segundo lugar sua visão, ou seja, seu plano de intenções, indicando onde a marca deve chegar para consolidar, nas prateleiras mentais dos consumidores, a percepção desejada.

Uma dica fundamental para esse exercício é dar especial atenção à etapa de posicionamento. É freqüente, entre os times envolvidos, a dificuldade de se construir uma leitura fiel da real situação da marca no mercado. Isso é até natural, uma vez que as pessoas envolvidas com a gestão das marcas normalmente se apaixonam pelas mesmas. Mas esse descuido pode levar a uma leitura distorcida da situação da marca frente aos seus consumidores.

Por outro lado, ao definir visões de marca é fundamental que o time consiga traçar metas desafiadoras, como em qualquer exercício de estratégia de negócios. No entanto, é importante ao mesmo tempo manter as expectativas alinhadas à realidade da marca. Não adianta definir visões audaciosas e inatingíveis. Normalmente, os exercícios de visão devem considerar um panorama de cerca de 5 anos para garantir uma perspectiva de longo prazo, mas sem metas irrealistas.

O contraste entre ambas as leituras (posicionamento atual e visão desejada) ajuda a identificar áreas de oportunidade que podem ser exploradas pela marca através de ações de inovação, mudança de preço, distribuição, comunicação e ativação, fusão e migração de marcas etc. Ou seja, as marcas fazem uso de uma série de ações possíveis para definir sua agenda de trabalho. As mais convencionais são inovação, distribuição, comunicação e preço.

Um **exemplo interessante** é o trabalho de reposicionamento que mencionamos no primeiro capítulo, feito pela marca de sandálias Havaianas. Por vários anos as Havaianas foram percebidas como uma alternativa popular de chinelos simples, quando comparadas a outras ofertas de marcas mais sofisticadas. A fim de recuperar sua competitividade no mercado, a marca reconfigurou o significado de sua oposição binária. Para desenvolver esse trabalho, a marca se apoiou em iniciativas baseadas nas três ações mencionadas acima.

A inovação foi utilizada para garantir às Havaianas um status de marca do universo da moda, com design diferenciado e desenhos de produtos capazes de formar uma verdadeira coleção de ofertas para consumidores de diferentes gostos.

A distribuição foi outra área de trabalho estratégica, e o resultado é que hoje as Havaianas são encontradas nos mais diversos tipos de lojas não apenas de calçados, mas também de artigos esportivos, de moda etc.

Enfim, **novos canais de vendas** foram incorporados na carteira de parceiros estratégicos da empresa. A marca desenvolveu até versões exclusivas, voltadas para parceiros específicos, incluindo uma versão de milhares de reais feita para a marca de jóias H. Stern. O uso de parcerias é uma estratégia poderosa utilizada pelas marcas. Trataremos dele no capítulo de arquitetura de marcas.

As Havaianas também desenvolveram uma nova abordagem de comunicação, mais moderna, relevante e próxima da realidade do universo da moda. Desde o relançamento da marca, diversas atrizes e modelos famosas do Brasil já desfilaram com Havaianas...

Além das ações mencionadas, a marca **alterou também o atributo preço**, adotando uma estratégia que passou a considerar não apenas versões baratas e mais acessíveis, como também ofertas mais elaboradas e caras, para clientes de classes mais altas.

Não só ações de comunicação convencionais, outras ações como eventos, shows e abordagens diversas também fazem parte da agenda de trabalho das marcas que procuram chegar aos seus consumidores de forma mais impactante e diferenciada da concorrência.

Para consolidar sua imagem de marca associada à necessidade de "energia que ajuda a melhorar o desempenho", a **marca Red Bull** apostou não apenas no uso de ações de comunicação baseadas em mídias convencionais, mas desenvolveu também um evento singular associado ao universo dos esportes. O **Red Bull air race** é um circuito similar ao da Fórmula 1, com grandes prêmios e realizado em locais exóticos e atraentes do mundo, mas com uma diferença fundamental: a prova é feita entre aviões! Além de reforçar sua relevância na área de necessidade em que atua, Red Bull busca se diferenciar com essa ação reforçando a seguinte oposição binária: "Outras marcas oferecem propostas de energéticos. Mas só Red Bull te dá asas!"

Finalmente, um ponto interessante a ser lembrado é que além das ferramentas de marketing convencionais é cada vez mais comum, no atual ambiente de mercado globalizado, o uso de ações de *fusão & migração de marcas* para a construção de uma marca forte e capaz de assumir um posicionamento sólido numa determinada área de necessidade do mercado.

Grandes empresas apostam cada vez mais na manutenção de um número reduzido de marcas em seu portfólio (normalmente uma para cada área de necessidade distinta), garantindo assim massa crítica de *savings* e investimentos capaz de suportar a construção de *power brands*.

Isso não quer dizer que tais empresas não possuam mais de uma marca atuando no mesmo segmento de produto. Significa apenas que elas buscam cada vez mais entender a verdadeira área de necessidade por trás da proposta de posicionamento e visão das marcas escolhidas. Eles querem ter certeza de que faz sentido manter, no seu portfólio, mais de uma marca atuando no mesmo segmento.

Na Unilever, por exemplo, a marca Axe, já mencionada aqui, é focada em jovens que buscam sucesso junto às mulheres. Ao mesmo tempo, a marca Rexona direciona sua promessa central à garantia de proteção superior para seus usuários, que não se limitam ao universo dos jovens. Axe explora atividades como eventos noturnos em danceterias para reforçar sua promessa central junto aos jovens. Já Rexona, entre outras iniciativas de mídia convencional, patrocina times esportivos como a seleção brasileira de vôlei. A mensagem é clara: mesmo em ocasiões e circunstâncias nas quais as pessoas mais transpiram, seu poder superior de proteção está garantido.

Estes são apenas alguns exemplos de tipos de ações usados pelas marcas na construção de suas agendas de trabalho. Elas se baseiam na leitura de seus posicionamentos atuais em relação à visão que pretendem atingir. Falaremos um pouco mais sobre esse tipo de ações nos capítulos de inovação, comunicação, marketing boca a boca e arquitetura de marca.

Vale reforçar que a visão de marca desenhada deve almejar a consolidação de uma promessa central *relevante*, *diferenciada*, *crível* e *focada*.

Não faz sentido brigar por uma fatia de um mercado saturado. Por isso, mais do que apenas proteger suas posições em suas áreas de atuação, as marcas estão sempre buscando se diferenciar para ocupar espaços novos – ou novas prateleiras mentais.

Veja o exemplo da marca de **cervejas Devassa**. O mercado de cervejas no Brasil é altamente competitivo. Há muitas marcas diferentes, mas com pouca diferenciação em termos de comunicação e uma grande concentração em um fabricante (Ambev) e um tipo (pilsen). Nesse contexto, a única forma de competir é através de um posicionamento diferenciado frente às alternativas existentes.

Aparentemente seria loucura investir num mercado tão competitivo. E talvez esse tenha sido o primeiro ato de ousadia dessa marca cuja irreverência já começa pelo nome...

A marca Devassa buscou entender quais eram as variáveis-chaves de relevância do mercado de cerveja das grandes marcas. Nesse processo, ela procurou ainda identificar o que poderia diferenciá-la das demais e assim definir um posicionamento único para a marca.

Ao invés de apostar num modelo de ampla divulgação, utilizando canais de mídia de massa, a Devassa apostou numa abordagem mais restrita, **visando atingir formadores de opinião capazes de conferir à cerveja uma imagem "cult"**.

Por fim, com uma **personalidade sensual, irreverente** e diretamente associada ao universo do prazer, a marca conseguiu traduzir de forma ímpar a indulgência envolvida no consumo das cervejas. O nome já diz tudo. É uma cerveja que nasceu para ser cult. Uma cerveja que se autoproclama "Devassa" deve ser, no mínimo, espirituosa. Alguém que vale a pena conhecer...

Enquanto a maioria do mercado busca amplificar ao máximo a distribuição para tornar suas marcas acessíveis, a Devassa optou por trabalhar com um modelo baseado fundamentalmente em **lojas próprias.** Fora as lojas da marca, apenas alguns estabelecimentos diferenciados poderiam vendê-la. Dessa forma, ela atingiu o status de marca aspiracional, podendo cobrar um preço diferenciado por isso.

Toda a irreverência da Devassa pode ser sintetizada na seguinte oposição binária, que retrata a assinatura da comunicação da marca: **"Outras cervejas podem até ser gostosas. Mas só Devassa é um tesão de cerveja!"**

Além de apostar numa abordagem artesanal, com uma produção de baixa escala e distribuição restrita, a Devassa investiu no desenvolvimento de **outros tipos de cerveja** que não a pilsen, a mais tradicional e conhecida dos brasileiros. Isso também conferiu à marca o status de expert.

"Visão sem ação é sonho.

Ação sem visão
é desperdício de tempo.

Mas visão e ação combinados

podem mudar o mundo."

J. A. Blake

Entendendo o Jogo

1. Afinal de contas, o que é marca?

2. Um modelo de posicionamento e visão de marca

3. Em busca de insights

3. Em busca de insights

"A imaginação é
mais importante
do que o saber"
Albert Einstein

A importância de insights sobre o comportamento dos consumidores na construção e manutenção de marcas.

O melhor amigo do homem precisa estar sempre ao seu lado? É possível que a resposta seja sim para a maioria das pessoas. Mas e se, apesar de gostar de cachorros, você acredita que ter e cuidar de um o tempo todo não é possível porque:

- Você não pode dedicar a ele a atenção necessária.
- Muitas vezes você precisa viajar e não tem com quem deixá-lo.
- O lugar onde você mora tem restrições em relação à posse de animais.

Agora, que tal a possibilidade de você e sua família se divertirem com um cão de confiança e companheiro apenas por algumas horas ou por alguns dias no mês, sabendo que existe alguém responsável por cuidar dele no dia-a-dia?

Se você gostou da idéia, então talvez queira conhecer a FLEXPETZ.

Trata-se de uma marca que traz um exclusivo "serviço" de cães treinados para serem companheiros perfeitos. Você gostará ainda mais de saber que os cães da FLEXPETZ são animais resgatados das ruas e de lares que não podiam mais se responsabilizar por eles. Eles recebem cuidados especiais para se tornarem saudáveis e felizes, e só então são treinados como acompanhantes. Além disso, as pessoas interessadas no serviço recebem na primeira contratação um treinamento rápido e simples com um especialista certificado da FLEXPETZ. E se você é um membro do programa, pode usufruir dos serviços em qualquer cidade que possua uma filial da empresa. Lembre-se disto na próxima vez que estiver em Nova York, Chicago, Paris ou Londres e quiser dar um passeio ou se divertir no parque com uma grande companhia!

Mesmo que a marca FLEXPETZ não seja para você, por uma razão ou outra (incluindo a mais óbvia: "não gosto de cães"), é difícil negar que ela parece feita sob medida para suprir uma atual carência das pessoas no dia-a-dia corrido das grandes cidades: a busca por lazer e qualidade de vida sem a contrapartida de tempo, esforço e dedicação necessários para tanto. Na verdade, para a maioria das pessoas a quem falei da FLEXPETZ, a reação foi de entusiasmo. Posso dizer até, sem exagero, que em algumas os olhos chegaram a brilhar: eram aquelas pessoas mais apaixonadas por cachorros que, por falta de tempo e disponibilidade, jamais se permitiram ter um.

Polêmicas à parte, esse exemplo deixa claro que as marcas são construídas a partir de insights como o da FLEXPETZ. São essas sacadas sobre a natureza humana que servem de base para o desenvolvimento de idéias capazes de satisfazer as necessidades das pessoas.

Insights: A complexa e fascinante tarefa de entender os consumidores para construir marcas fortes

Como já vimos no primeiro capítulo, as marcas funcionam como símbolos que dão significados a produtos e serviços criados para satisfazer as necessidades dos consumidores. Elas se tornam depositárias de todas as associações positivas ou negativas resultantes das operações das empresas. As experiências geradas através das mais variadas formas de contato da marca com as pessoas se somam para construir a sua imagem. Eis que a marca em si também é, portanto, um instrumento fundamental na construção de relações duradouras entre ela e seus consumidores.

Nesse processo, entender quem são os consumidores e sobretudo quais são as verdadeiras motivações e buscas por trás de seus comportamentos é crucial. Isso quer dizer que mais do que simplesmente capturar uma fotografia do que é importante para os consumidores em termos de produtos e serviços específicos hoje, é importante entender quais são as verdadeiras necessidades atendidas por esses produtos e serviços.

Em seu famoso artigo *Miopia em marketing*, Theodore Levitt aborda essa lição básica muitas vezes negligenciada pelas empresas: produtos e serviços, sejam eles quais forem, podem se tornar obsoletos; as marcas, se bem administradas, não. Isso porque as necessidades dos consumidores continuam a existir. O que muda são seus desejos específicos por novos produtos e serviços. As ferrovias não pararam de crescer porque a necessidade de transporte de passageiros e cargas declinou. Essa necessidade na verdade cresceu, e muito!

Não foram os carros, aviões e caminhões que fizeram as marcas das ferrovias declinarem. Elas declinaram porque não souberam fazer a leitura adequada do seu verdadeiro ramo de atuação. As ferrovias deixaram que outras marcas tirassem seus negócios porque assumiram, erroneamente, que estavam no negócio ferroviário – e não no de transportes! Eram apaixonadas demais por seus produtos, quando essa paixão deveria estar direcionada a seus consumidores. Quando estes evoluíram e passaram a buscar novas alternativas para satisfazer suas necessidades, elas perderam terreno.

Mais do que nos produtos, as marcas precisam focar sua atenção nas necessidades dos *consumidores*.

Imaginem o que aconteceria com a marca Correios se, em plena era da informação, ela se mantivesse voltada unicamente para o serviço de entrega de cartas? É claro que a grande variedade de produtos e serviços existentes hoje no portfólio dessa marca mostra que ela entendeu que seu negócio não era simplesmente o de envio de cartas, mas sim de prestação de serviços de comunicação e logística.

Sadia e Perdigão são outros dois exemplos de marcas que souberam definir seu papel na vida dos consumidores de forma pertinente, relevante e acima de tudo inspiradora. Elas entenderam que sua missão está ligada ao universo de alimentos e não apenas à venda de frango congelado, um produto que, apesar de relevante, é hoje em dia praticamente uma *commodity*.

Afinal, quais as motivações que existem por trás do comportamento das pessoas? É essa pergunta que sustenta o pilar básico da criação e gestão de marcas. Para que elas se mantenham relevantes nas vidas dessas pessoas com o passar dos anos, é preciso sempre procurar por esta resposta. Essa definição irá fundamentar todas as iniciativas posteriores da marca, sejam elas de comunicação, inovação ou embalagem.

Albert Einstein costumava dizer que o primeiro passo para a solução de um problema era defini-lo de forma correta. A partir daí, no mínimo mil pessoas poderiam resolvê-lo. Gosto de citar um exemplo que na verdade não tem nenhuma ligação direta com marcas e mercados, mas que ilustra de forma interessante essa afirmação:

Certa vez estive em **Fernando de Noronha**, no litoral Nordeste do Brasil, e escutei a seguinte história contada pelos nativos da ilha: no passado, antes da chegada do homem a Noronha, não havia ratos no local. Porém, com a chegada do homem e os constantes desembarques de mercadorias e víveres através de navios, estes habitantes indesejáveis passaram a povoar a ilha. Para tentar combater os ratos, surgiu a idéia de introduzir no habitat de Noronha um predador capaz de devorá-los. Foi decidido então trazer o teiú, uma espécie de lagarto existente no território brasileiro.

Tudo parecia perfeito, tirando um pequeno detalhe: os ratos têm hábitos noturnos, enquanto os teiús são diurnos. Portanto, os potenciais inimigos raramente se encontravam. Caso fossem colocados juntos, como aconteceu nos testes feitos antes da tomada de decisão, os teiús de fato se alimentariam dos ratos. Porém, não houve a preocupação de se entender quais eram as reais chances de encontro das espécies no dia-a-dia da natureza.

Para piorar, os teiús passaram a se alimentar de ovos de aves nativas. Felizmente, pelo que contaram os moradores da ilha, essa intervenção desastrosa não levou à extinção de nenhuma espécie. Mas foi um alerta importante para as autoridades, que hoje tratam os assuntos ligados à natureza com auxílio de técnicos e biólogos.

O erro estava na primeira definição do problema, que era: "Precisamos introduzir na ilha um animal que, entre outras coisas, coma também pequenos mamíferos". A correta definição do problema deveria ter sido a seguinte: "Precisamos introduzir na ilha um predador de pequenos mamíferos como o rato, com hábito de alimentação noturno e que tenha o menor impacto possível sobre espécies locais".

No caso prático do trabalho de construção das marcas, é preciso ter em mente que não estamos lidando com simples consumidores dos produtos e serviços de nossas marcas. Estamos lidando com seres humanos que, por isso mesmo, apresentam comportamentos complexos e dinâmicos.

Infelizmente, muitas vezes o dia-a-dia de trabalho dos responsáveis pela área de marketing, diretamente envolvidos na criação e gestão de marcas, não contribui para esse processo. Em muitos casos, esses profissionais acabam trancados em seus escritórios, se orientando através de relatórios com dados e estatísticas. O resultado é que eles acabam tratando os consumidores como números, se esquecendo de que eles são pessoas como nós, e, portanto, difíceis de serem compreendidos. Não é à toa que cada vez mais as grandes empresas começam a entender e valorizar a importância de se combinar técnicas mais formais de pesquisa com outras abordagens, visando o contato direto com os consumidores em seu dia-a-dia.

Pessoalmente, acredito que essa é uma das lições mais inspiradoras de empresas focadas na construção de grandes marcas: a importância de uma visão holística do ser humano, capaz de incluir uma profunda compreensão dos fatores culturais e sociais que influenciam seu comportamento. Uma abordagem que permite a construção de um quadro mais amplo e completo de seu mundo e não apenas da relação deles com os produtos e marcas da empresa.

Na verdade, as pessoas assumem diferentes papéis em suas rotinas diárias. Por isso não seria realista analisá-las apenas como compradores de nossas marcas. Elas são muito mais do que isso. São também pais, técnicos de futebol, fãs de conjuntos musicais etc. Todos esses "papéis" têm impacto em suas buscas individuais e, conseqüentemente, nas marcas com as quais elas se relacionam.

Além disso, seus desejos e necessidades variam durante a semana e até mesmo no decorrer do dia. Por exemplo, uma dona-de-casa pode comprar uma determinada lata de molho de tomate para preparar uma refeição prática e rápida para sua família durante a semana. Já no final de semana ela pode estar preocupada em receber visitas e, neste caso, preferir comprar uma outra marca de molho de tomate, sem casca, in-natura, para preparar um molho mais caprichado. Esse hábito não faz dela uma consumidora desleal a nenhuma das marcas.

O fato é que as situações mencionadas estão associadas a diferentes estados de demanda que impactam diretamente as decisões de compra das pessoas. Esse é um fator fundamental a ser levado em conta no trabalho das marcas.

Sendo assim, as empresas precisam buscar sempre estar próximas de seus consumidores, entendendo que seus negócios são apenas uma pequena parte da vida deles, e não o contrário. Quando elas falham em assumir essa postura, passam imediatamente a adotar uma leitura distorcida da realidade, o que pode ser desastroso para o futuro das suas marcas.

Um dos aspectos mais interessantes do desafio de compreender as pessoas, seus desejos e necessidades é o fato de que, muitas vezes, nem elas sabem por que fazem as coisas que fazem!

Freud já deixou claro que a porção consciente do nosso cérebro é apenas a ponta do iceberg de seu processo mental. A predominância dos nossos pensamentos, sentimentos e motivações muitas vezes nos é desconhecida.

É mais fácil para nós racionalizar e falar sobre necessidades funcionais. Porém há muitas outras necessidades de caráter emocional e psicológico que são difíceis de acessar.

Há, por exemplo, motivações e comportamentos que preferimos

Entendendo o Jogo

manter em segredo, pois nos sentiríamos envergonhados caso outros os descobrissem. Para a maioria dos homens, por exemplo, vaidade e cuidados com a beleza ainda são assuntos tabus.

Ao mesmo tempo, outras coisas que fazemos são tão rotineiras e incorporadas aos nossos hábitos que simplesmente nem lembramos de seus detalhes. Seria difícil, portanto, falar com precisão sobre como elas acontecem.

Segundo o jornalista e escritor norte-americano Malcolm Gladwell, certa vez pesquisadores contrastaram, num estudo, as dicas do tenista Andre Agassi sobre "como sacar" com imagens do próprio em ação. O objetivo era realizar um filme pedagógico com dicas para os tenistas. E por acaso os produtores do filme perceberam que, na verdade, Agassi não fazia muitos dos movimentos que acreditava fazer durante o saque.

Se este lapso de consciência existe na fala de um atleta sobre seus próprios movimentos, imagine o caso de um consumidor falando sobre seus hábitos rotineiros...

Existem ainda estímulos que mexem conosco e provocam reações, sem que saibamos racionalizar a respeito. Tente imaginar a primeira vez que as pessoas escutaram Rock and roll na década de 60, o impacto de um quadro de Picasso, ou mesmo o formato de uma embalagem diferenciada no ponto de venda.

Fundamental é saber utilizar e aplicar com muito critério os diferentes tipos de pesquisa de mercado usados para entender os consumidores. Muitas vezes, há necessidades e comportamentos sobre os quais eles simplesmente não saberão falar. E o pior: para não confessar isso, eles provavelmente formularão uma resposta superficial ou falsa.

É cada vez mais importante, portanto, que os profissionais de marketing saibam aliar técnicas convencionais de pesquisa à observação crítica do comportamento das pessoas em seu dia-a-dia.

Há alguns anos, a Unilever lançou a marca de detergente em pó ALA, voltada para classes sociais mais baixas. A embalagem adotada foi o saco plástico, em função do hábito rotineiro das mulheres que lavavam suas roupas às margens dos rios na região Nordeste do país. Embalagens convencionais de papelão não seriam práticas, já que corriam o risco de se desmancharem em contato com superfícies úmidas. A marca se tornou sucesso imediato junto ao seu target.

Além de interagirem com a grande massa de consumidores ligados a determinado segmento, as marcas também estão cada vez mais aprimorando técnicas capazes de entender, antes de iniciar a pesquisa, quem deve ser pesquisado. O objetivo por trás dessa abordagem é identificar potenciais formadores de opinião em áreas estratégicas do mercado, antecipando tendências.

A verdade é que muitas vezes somos movidos por pré-concepções e não entendemos as reais motivações que residem por trás do comportamento daqueles que não pensam nem agem como nós.

Na Índia, por exemplo, o uso do desodorante não é amplamente difundido como no Brasil. Há até pouco tempo, esse tipo de produto era usado por menos da metade da população. Quando o Brasil topou o desafio de vender seus desodorantes para os indianos, os profissionais de marketing fizeram uma investigação. Descobriram que, ao contrário do que uma análise precipitada poderia indicar, a preocupação com o asseio pessoal é igual nos dois países. No entanto, enquanto o desejo de consumo para satisfazer essa necessidade estava, no Brasil, orientado ao uso de desodorantes, na Índia ele estava focado em talcos.

Se o desafio de uma marca de desodorante no Brasil estaria, a princípio, voltado para a construção de diferenciais em relação a outras marcas de desodorantes, na Índia a tarefa provavelmente estaria ligada à comunicação sobre as vantagens do uso de desodorantes em relação ao talco, como por exemplo seu maior poder de proteção por períodos prolongados e sua praticidade.

Há um conto famoso de Machado de Assis, chamado "Idéias de Canário", que reforça a importância de assumirmos uma postura aberta, com distanciamento crítico e sem pré-concepções ao observar o mundo:

O personagem do conto é um canário que, de dentro de uma gaiola pendurada numa loja, solenemente declara: "O mundo todo é um grande balcão de mercadorias e todo o resto é ilusão". Um tempo depois, a gaiola é colocada em um jardim e então o canário declara: "O mundo todo é um campo de flores e todo o resto é ilusão". E assim por diante. Essa história mostra o significado último da expressão "ponto de vista". Muitas vezes ficamos presos a um determinado jeito de ver o mundo, e então precisamos assumir uma postura capaz de nos libertar de nossas gaiolas mentais.

> *"O mundo é cheio de pessoas estranhas, exceto por você e eu... e pensando bem, até você é meio estranho!"*
> *Anônimo*

Insights que abrem as "prateleiras mentais" das pessoas: A construção de modelos de segmentação de mercado baseados nas necessidades dos consumidores

Conforme mencionamos no primeiro capítulo, o processo de construção e gestão de marcas passa necessariamente pela definição de um problema básico, que é o mercado onde elas vão atuar. Esse é, na verdade, constituído por um conjunto de consumidores que compartilham desejos e necessidades comuns. Seu mapeamento ajuda a gestão das marcas de várias formas:

- **Foco:** Orienta o trabalho das marcas definindo claramente seu objetivo.

- **Simplificação:** delimita seu universo de atuação e ajuda na definição do portfólio de produtos e serviços a ser oferecido.

- **Diferenciação:** permite a entrega de valor superior aos consumidores, uma vez que identifica e atende um grupo com necessidades específicas.

- **Gestão competitiva:** ajuda a entender claramente quem são os concorrentes diretos e indiretos da marca, e conseqüentemente auxilia no desenvolvimento de planos para combater e bloquear suas atividades.

Com o tempo, outras marcas concorrentes surgem oferecendo propostas similares e então o desafio passa a ser o de manter o diferencial competitivo. Esse processo funciona segundo a lógica mencionada no capítulo 1, onde a marca procura uma das quatro possíveis rotas de diferenciação: reforçar, evoluir, reconfigurar sua posição numa oposição binária ou, ainda, criar uma nova oposição binária relevante.

A análise para a estruturação da segmentação de mercado não é um processo simples. Ela deve levar em consideração uma série de fatores:

Geográficos: uma marca pode decidir focar sua atividade numa determinada região, país, continente etc. Por exemplo, no sul do Brasil há uma cerveja chamada Polar, que foi lançada em 1929. Desde seu lançamento, foi posicionada como uma cerveja que apesar de ser ´tipo Exportação´, é um patrimônio do RS que os gaúchos não deixam sair de lá.

Demográficos: neste caso são consideradas variáveis como idade, sexo, religião, raça, renda, tamanho da família etc. A marca de brinquedos Estrela, por exemplo, fundamenta boa parte de seu trabalho no profundo conhecimento das mudanças de comportamento e das necessidades das crianças em função de sua idade e sexo.

Psicográficos: as pessoas podem ser divididas em grupos levando-se em consideração sua classe social, estilo de vida e personalidade. A marca de whisky Chivas Regal fundamenta seu posicionamento em estilo de vida, o que é traduzido por sua campanha ´o estilo Chivas de viver a vida´.

Comportamentais: aqui são levados em conta as atitudes e o relacionamento dos consumidores com grupos específicos de produtos ou serviços. Fatores como benefícios específicos, ocasião de consumo, taxa de uso, nível de lealdade etc. são explorados. A marca de creme dental Crest, por exemplo, foca seu posicionamento na entrega superior do benefício anti-cáries.

A análise de construção do modelo de segmentação deve considerar todos os fatores mencionados. O erro mais típico cometido pelas empresas é a adoção de uma abordagem unidimensional. Essa postura leva à definição do mercado simplesmente em função dos produtos que elas pretendem vender.

Esse exercício é fascinante e representa, na verdade, uma das tarefas mais divertidas do processo de construção e gestão de marcas. É como brincar de minerador, na busca de uma pepita de ouro no leito do rio. Uma dica para auxiliar nesse processo leva em conta três perguntas básicas:

- Quais as variáveis-chaves a serem consideradas na análise?
- Que perguntas fundamentais podemos fazer para entendê-las?
- Qual o impacto que essas perguntas têm na investigação dos fatores de análise de segmentação listados acima?

Variáveis Chave	Perguntas fundamentais	Fator de análise de segmentação
Consumidor	**Quem é** o consumidor?	- **Demográfico** - **Psicográfico**
Necessidades	**O que** ele faz e consome? **Por que** ele faz isso?	- **Comportamento** - **Psicográfico**
Ocasião & Local	**Quando e Onde** esses hábitos ocorrem?	- **Comportamento** - **Psicográfico** - **Geográfico**

Um exemplo do uso dinâmico da abordagem de segmentação e posicionamento de mercado pode ser observado no trabalho recente feito pela Elma Chips no lançamento de sua nova marca de aperitivos. Até o passado recente, a Elma Chips possuía diferentes sub-marcas para produtos consumidos como aperitivos, tais como amendoins (sub-marca Manix) e pasteizinhos de trigo com sabores variados (sub-marca Agito).

Ou seja, qualquer produto com base em amendoim fazia parte do guarda-chuva da sub-marca Manix, da Elma Chips. Ao mesmo tempo, qualquer nova versão de pastelzinho de trigo com sabor fazia parte do guarda-chuva da sub-marca Agito, da Elma Chips.

No contexto competitivo do mercado atual é cada vez mais difícil e caro construir e dar suporte a muitas marcas e sub-marcas no portfólio, já que é necessário grande investimento em sua construção.

A tendência global hoje é o foco cada vez maior das empresas na construção de um número menor de marcas e sub-marcas, capazes de construir relações sólidas com os consumidores. A Unilever, por exemplo, anunciou há alguns anos a redução do número de marcas de seu portfólio global de cerca de 1400 para menos de 500.

Ainda no final de 2006 a Elma Chips, líder do mercado em que atua, desenvolveu uma nova abordagem estratégica. Ao invés de manter uma variedade de sub-marcas a empresa lançou uma marca de aperitivos: OPA! O Petisco Autêntico, da Elma Chips.

Além de garantir maior foco, o lançamento representou também um avanço no desenho de uma embalagem com traços mais adultos, garantindo maior pertinência e relevância para o target endereçado na ocasião.

Seguindo nossa lógica, a tabela abaixo traz um resumo hipotético das variáveis consideradas no processo de revisão do modelo de segmentação do mercado e de posicionamento da nova marca de aperitivos OPA! Da Elma Chips:

Variáveis Chave	Perguntas fundamentais	Fator de análise de segmentação
Consumidor	Quem é o consumidor?	- Adultos - ambos os sexos mas predominantemente homens - Todas as classes sociais - Gostam de se reunir com os amigos
Necessidades	O que ele faz e consome? Por que ele faz isso?	- Busca o conforto de estar e relaxar entre amigos e de prolongar esses bons momentos - Fugir de pressões da vida moderna - Celebrar bons momentos e amizades
Ocasião & Local	Quando e Onde esses hábitos ocorrem?	- No dia-a-dia e em ocasiões especiais - Em bares, em casa, na praia, etc...

Afinal, o que são insights e qual é o seu papel na construção das marcas?

Entender quem são os consumidores e quais são suas necessidades é uma tarefa fundamental. Mas o desafio do trabalho de construção de marcas não termina aí. Todo o material e conhecimento gerado só servirão para a empresa se forem convertidos em idéias e iniciativas capazes de agregar valor às suas marcas e ao seu negócio. Existem cinco estágios de trabalho que são fundamentais para que isso aconteça:

Coleta de dados– Ex.: constatar que consumidores comem frutas e iogurtes hoje no café da manhã e no lanche da tarde é um dado.

Organização de Informações– Ex.: comparar o dado anterior com outros históricos sobre o mesmo tema e descobrir que esse consumo vem aumentando é uma informação a ser considerada na organização e estruturação de um estudo.

Desenvolvimento de análise– Ex.: relacionar uma informação com outras, mostrando uma tendência de preocupação maior em se alimentar bem é análise.

Geração de insights– Ex.: Partir de dados, informações e análises e construir um raciocínio capaz de "mudar o jeito de enxergar a relação do consumidor com a marca, apontando oportunidades de negócio", é um insight. A Danone desenvolveu o seguinte insight ligado aos dados, informações e análises mencionados acima: **"quando equilibramos nosso organismo por dentro, isso se reflete por fora".**

Desenvolvimento e lançamento de idéia– Insights representam a base para a geração de idéias capazes de criar marcas e mantê-las fortes e saudáveis. A Danone explorou seu insight sobre a tendência de preocupação com a saúde através do lançamento da Marca Activia e sua linha completa de iogurtes à base de frutas, grãos etc. Eles regulam o intestino, ajudando as mulheres a realizar as tarefas do dia-a-dia com mais disposição e energia, além de fazê-las se sentirem bonitas e em equilíbrio.

Essa é uma ação orientada para a satisfação de necessidades dos consumidores e para o conseqüente crescimento das marcas e negócios da empresa.

Os estágios mencionados acima podem parecer complexos num pri-

meiro momento. No entanto, as lições de como estar conectado e atento ao mundo dos consumidores estão à nossa volta, em nossos relacionamentos rotineiros. Resta traduzir dados, informações e análise em insights e oportunidades de negócio.

Os princípios observados nesses exemplos são válidos para qualquer tipo de empresa. O caso a seguir aconteceu comigo e ilustra bem esse ponto:

É muito comum ver nas praias do Brasil barracas que vendem os produtos mais variados (desde salgadinhos até refrigerantes e bebidas) para as pessoas que vão se divertir nos finais de semana. Há várias barracas perfiladas e as pessoas que chegam à praia escolhem o local onde querem ficar. Sua área, em tese, é atendida pela barraca que estiver mais próxima. Ocorre porém que, ao mesmo tempo, uma série de vendedores ambulantes circulam entre as pessoas oferecendo a mesma variedade de produtos. O que acaba gerando uma verdadeira batalha entre os donos das barracas e os ambulantes.

Dado este cenário, é freqüente entre os donos de barraca a contratação de assistentes, pagos unicamente para ficarem atentos aos desejos dos clientes. Eles reagem ao menor sinal de alguém interessado numa bebida ou alimento. Às vezes basta um potencial consumidor se abanar com o jornal para os tais assistentes o abordarem, perguntando se há algo que eles poderiam oferecer para ajudá-lo a se refrescar, como uma cerveja, uma água ou um refrigerante. Aparentemente essa estratégia é acertada. Mas a quantidade de ambulantes circulando e o número grande de clientes por assistente faz com que várias vendas sejam inevitavelmente perdidas pelos donos das barracas.

Este parecia um quadro normal e irreversível, até que fui à praia certo dia e me deparei com uma solução desenvolvida por um daqueles profissionais que gosto de chamar, com respeito e admiração, de "marketeiro das ruas". Aquele que não freqüentou nenhuma universidade, mas tem curiosidade e amor pelo seu negócio, pela sua marca e o que ela representa para os seus clientes.

Ao chegar à praia, fui prontamente atendido pelo dono da barraca, cuja marca era seu próprio nome. Gosto de imaginar que quem coloca o próprio nome como marca do estabelecimento não vai querer brincar com a sua imagem. Estranhei o fato de não haver nenhum assistente contratado para auxiliá-lo. Pensei imediatamente que, com a praia cheia do jeito que estava e sem assistentes, ele estava frito. Provavelmente, imaginei, o coitado devia estar começando sua carreira e ainda não tinha dinheiro para contratar ninguém. Eu não poderia estar mais enganado.

Ao invés disso, ele havia desenvolvido um sistema diferente de trabalho, baseado em sua observação do comportamento dos consumidores que freqüentavam sua barraca. Ele não ficava constantemente atento às pessoas de sua área na luta para não perder vendas. Logo que elas chegavam e se acomodavam, ele já trazia um pequeno isopor com bastante gelo contendo cervejas, águas e refrigerantes (a gosto do cliente). Assim seus consumidores tinham algumas horas de autonomia garantidas, sem necessidade de reposição de produtos. Em paralelo, ele pedia às pessoas que, caso quisessem repor algum produto, que o avisassem antes de chegar à última embalagem do mesmo.

Assim não havia risco de ele não atendê-las a tempo. Simples, porém eficaz. Como boa parte dos insights e idéias de negócio brilhantes.

Perguntei a ele sobre a origem da sua idéia e ele respondeu exatamente o seguinte:

"Gosto muito do que faço e converso freqüentemente com as pessoas que vêm ao meu negócio, além de observá-las. E assim pude constatar dois pontos fundamentais:

O primeiro é que, quando as pessoas vêm à praia, estão buscando se divertir e, nessa hora, todo stress ou trabalho desnecessário é evitado. Mesmo elas estando em minha área e gostando de mim, a lógica resultante é a seguinte: se eu não atendê-las prontamente quando elas têm sede, perco a venda para o ambulante. É simples assim.

O segundo é que, provavelmente, um dos poucos lugares onde as pessoas se sentem tão à vontade como na praia é em suas casas. Lá elas não têm a praia, mas ficam relaxadas em seu canto, com privacidade e sem aborrecimentos.

Daí surgiu a idéia de transformar a praia numa sala de estar para cada grupo de clientes.

Sua sala de estar na praia, ou a praia na sua sala de estar, se você preferir!"

Este, para mim, é um bom exemplo de um insight inspirador sobre o comportamento das pessoas. É também uma demonstração pragmática de como um insight pode trazer idéias capazes de agregar valor

o jogo das marcas

ao negócio e reforçar as percepções positivas dos consumidores em relação à marca.

Se olharmos o universo das grandes marcas, veremos que existe uma infinidade de insights e idéias brilhantes. O lançamento da nova campanha de OMO é um exemplo.

OMO é a marca líder de detergentes em pó no mercado brasileiro. Durante anos, as marcas desse segmento competiram para assumir definitivamente a liderança na entrega de um benefício absolutamente fundamental para a categoria: a capacidade de limpar profundamente e deixar as roupas mais brancas. Seguindo nossa terminologia, por muito tempo a marca OMO lutou para reforçar uma promessa central baseada na seguinte oposição binária:

"Outras marcas também lavam suas roupas. Mas só OMO limpa profundamente removendo as manchas e, portanto, deixando as roupas mais brancas."

No entanto, com a liderança de mercado consolidada após anos de trabalho comunicando essa lógica aos consumidores, os líderes da empresa entenderam que já era hora da marca evoluir seu posicionamento, passando a oferecer também benefícios de ordem emocional. Haveria, porém, chance disso acontecer numa categoria que aparentemente era tão funcional, e, por que não dizer, sem graça? OMO provou que sim.

Os profissionais da marca combinaram dados e informações sobre as mulheres, não apenas enquanto consumidoras de sabão em pó, mas também em seus papéis de donas-de-casa, esposas e mães. Partindo dessa base de estudo, sua análise mostrou que uma preocupação fundamental dessas consumidoras era a educação e formação de seus filhos. Haveria porém alguma conexão com o universo de entrega da marca?

Ao aprofundar o estudo do que estaria por trás do processo de aprendizado, um fato chamou a atenção por ser consistentemente verdadeiro para a maioria das mulheres: as crianças precisam de liberdade para experimentar e aprender. E é claro que nesse processo de descobertas se sujar é natural,

seja praticando esportes, pintando ou brincando de chef com a avó na cozinha.

Pronto! O insight resultante da análise foi o de que **"se sujar faz bem"**, afinal estamos falando de uma parte fundamental do aprendizado. E todas as execuções de comunicação – de filmes de televisão a oficinas de pintura – passaram a explorar esse insight.

O insight orientador do reposicionamento e da nova idéia de campanha e ativação da marca - "Porque se sujar faz bem"- reflete a crença de uma marca com profundo conhecimento do consumidor e uma relação de confiança construída ao longo de vários anos. Uma verdade que é inspiradora e reconhecida pelas mães. Os insights são o grande gatilho não apenas do processo de criação de novas marcas mas também de todas as idéias de comunicação, inovação etc. que servirão de base para dar-lhes fôlego no futuro.

A marca Renault Scénic, por sua vez, encontrou uma maneira interessante de divulgar o diferencial de espaço de seu carro em relação aos seus concorrentes. Como espaço é um benefício importante para as famílias, a empresa criou adesivos especiais para esteiras de caixas de supermercados. O insight foi encontrar esse lugar ideal para a comunicação que visava atingir mulheres donas-de-casa.

Já **a marca de cervejas dinamarquesa Din Tuborg** explorou a crescente tendência de customização de produtos e serviços. Numa determinada ação promocional, as pessoas ganharam a chance de personalizar o rótulo da cerveja do jeito que quisessem. Além de fotos, era possível acrescentar também um texto impresso no gargalo. Já imaginou poder receber os amigos em casa para uma festa com sua cerveja personalizada?

Na verdade, o insight capaz de gerar uma idéia que irá mudar sua marca pode acontecer no lugar e no momento menos esperados. Uma dica fundamental para quem trabalha com marcas é alimentar sempre sua curiosidade. Evite rotinas que acabam por nos cegar para as coisas que estão acontecendo fora da nossa zona de conforto.

Volte a ser uma criança. Brinque de ser o consumidor da sua marca por um dia. Como funciona o processo de compra de seus produtos? Como ele interage e usa sua marca? Como ele se sente quando ela é eficiente no cumprimento de suas promessas? E quando ela falha?

Troque de identidade por um dia e leia o jornal que o consumidor lê, vá aos bares que ele freqüenta, peça a comida que ele come. Imagine-se também no lugar de um usuário apaixonado pela marca de seu concorrente! O que será que está por trás dessa paixão?

Lembre-se de que o consumidor é uma pessoa como você. Então pare e pense: quais são as necessidades conflitantes que ele tem e como ele lida com elas? Se pergunte quais regras parecem imutáveis no funcionamento do mercado em que sua marca atua. Será que elas ainda fazem sentido? Ou será que o mundo mudou e as empresas não acompanharam essa mudança? Ou será ainda que essas regras na verdade nunca foram plausíveis?

Brinque de desafiar premissas engessadas, pelo menos uma vez por mês. Quem são os formadores de opinião no universo de atuação de sua marca? Repita as mesmas perguntas acima para este grupo de pessoas. Como será que elas vêem o futuro do mundo e do segmento de atuação de sua marca e qual impacto isso tem em sua agenda de trabalho?

Não raro, um novo executivo assume uma posição corporativa e recebe uma agenda de trabalho cheia de pré-concepções do negócio.

Fica aqui então um desafio: pare e pense antes de agir. Questione! Entenda quem são seus consumidores e suas necessidades. Será que eles precisam de uma simples mudança de cor na embalagem dos atuais produtos para sua maior diferenciação no ponto de venda? Ou será que é necessária uma reinvenção do modelo de negócio da empresa para que suas marcas sobrevivam no futuro? Apaixone-se por seu consumidor; transforme-se no embaixador de sua palavra dentro da empresa e faça a diferença para sua marca!

"O importante é
você sair da zona de conforto,
do espaço conhecido.

Lembre-se:
o peixe dentro do aquário não
enxerga a água!"

Entrando em Campo

4. Transformando insights em conceitos

5. Do conceito à comunicação eficaz

6. Gerando boca-a-boca sobre a marca

7. Os sinais da marca

8. Quando sinais de mais de uma marca estão juntos...

9. Marcas e inovação: tudo a ver

4. Transformando insights em conceitos

"Uma idéia sem execução é apenas um sonho"
Duque de Saint Simon

Conceitos - uma ferramenta-chave de trabalho dos "arquitetos das marcas"

É graças a nossa capacidade de aprender que podemos, em vários aspectos, melhorar nossas condições de vida. E fazemos isso, acredite, organizando informações em intermináveis prateleiras mentais. Para resolver problemas variados e influenciar o meio em que vivemos, também somos capazes de estabelecer relações entre conteúdos de prateleiras diferentes.

Quando criança, eu gostava de assistir desenhos animados. Um deles mostrava um agricultor que sofria muito com os constantes ataques de corvos à sua lavoura de milho. Num determinado momento, o fazendeiro se dava conta de que a única arma a seu favor era o medo que os corvos tinham da presença humana. Mas ele não poderia ficar o tempo todo na plantação nem contratar alguém para espantar as aves. Seu problema era: "Preciso encontrar uma forma de manter as aves à distância, sem prejudicar a plantação. As aves têm medo dos homens, mas não é possível estar lá o tempo todo." Estava inventado o espantalho.

Naquela época já era engraçado imaginar um agricultor defendendo sua plantação com o uso de uma técnica tão arcaica e precária. Mas há dois aspectos interessantes ligados a este desenho. O primeiro é que desde os tempos mais remotos o homem sempre foi capaz de buscar soluções para seus problemas através do aprendizado e de associações, usando os conteúdos existentes em suas prateleiras mentais. A segunda é que o homem só evoluiu do espantalho às técnicas modernas do agribusiness porque não se acomodou com a primeira solução encontrada. Estamos sempre buscando formas de tornar nossa vida mais confortável.

Na verdade, com o avanço da sociedade, essa habilidade de testar hipóteses no processo de aprendizado foi cada vez mais aprimorada e utilizada não apenas no mundo dos negócios das grandes empresas, responsáveis pela construção das marcas, mas também em outras áreas do mercado.

Meu irmão, por exemplo, é arquiteto. Ele desenvolve projetos os mais variados, desde a concepção de casas a partir da estaca zero até reformas de construções já existentes. Certa vez, observando o seu trabalho, fiquei fascinado com as diferentes plantas do projeto, muitas traçadas ainda em papel e outras já desenhadas com o auxílio do computador. Algumas pareciam mais técnicas, mostrando medidas e cálculos. Outras traziam desenhos ilustrativos que davam uma idéia muito clara da concepção arquitetônica e o estilo proposto para a casa, bem como uma série de detalhes envolvidos na sua execução. Na verdade era possível até, com o simples auxílio do mouse, caminhar pela casa virtual. Havia ainda uma maquete, que mostrava de maneira inspiradora o conjunto da obra proposta para seu cliente.

Olhando todo aquele trabalho, que eu sabia ter consumido bastante tempo, não pude deixar de perguntar se era válido trazer tanta riqueza de elementos num estágio preliminar de trabalho. Resposta: "imagine se há milhares de anos, no Egito antigo, a obra final das pirâmides de Gisé fosse entregue sem que suas premissas tivessem sido discutidas e o faraó respondesse, simplesmente: "Não gostei do formato piramidal. Façam tudo de novo."

Moral da história: o uso das ferramentas e abordagens mencionadas aqui permite traduzir uma idéia e seus detalhes de execução numa linguagem acessível para os clientes. Uma vez que o cliente tenha aprovado a idéia principal do projeto, um número cada vez maior de detalhes pode ser agregado ao seu desenho com o objetivo de ajudar na sua discussão e aprovação, antes que os mesmos se transformem numa parede ou num tipo de assoalho escolhido para um ambiente, por exemplo, ambos caros demais para serem substituídos posteriormente.

Esse exemplo do mundo da arquitetura e construção explora, na verdade, dois princípios que também são fundamentais no trabalho de construção de marcas. Primeiro, a importância de envolver os clientes no processo de discussão, desenvolvimento e aprovação de idéias. E segundo, a necessidade de criar uma linguagem capaz de traduzir da maneira mais clara e inspiradora possível o conteúdo da idéia que está sendo desenvolvida.

O fato é que trabalhar de forma planejada, seguindo a abordagem proposta, ajuda as empresas a aprenderem com os consumidores e aperfeiçoarem melhor as idéias antes que elas sejam lançadas. Isso faz com que menos idéias fracassem. Logo, permite uma economia de custos.

Falamos no capítulo anterior sobre a importância de estar próximo dos consumidores e entender suas necessidades. É esta a fórmula para gerar insights capazes de ajudar na construção das marcas. Mas como surgem essas idéias no dia-a-dia profissional? Que ferramentas são usadas para "pescá-las"?

Há uma série de metodologias e tipos de pesquisa diferentes que são, normalmente, utilizados nesse processo. Na verdade, nosso objetivo aqui não é aprofundar a discussão sobre tais metodologias e as diferentes formas de abordar o consumidor – esse tema, sozinho, é suficiente para gerar outro livro.

A idéia é falar de uma determinada ferramenta fundamental. Vamos falar de *conceitos.*

Definido de uma maneira bem simples, um conceito é uma forma de traduzir o conteúdo de uma idéia através do uso de texto, imagens e outros estímulos, para que a mesma possa ser discutida e lapidada com o auxílio dos consumidores. Conceitos são como as plantas técnicas de desenho, programas e maquetes dos arquitetos.

O uso de conceitos na criação e no desenvolvimento de idéias

O uso de oposições binárias, você já sabe, é uma ferramenta útil no trabalho de construção de marcas. Elas podem ser usadas como base para definições mais estratégicas como a própria promessa central da marca, e também como pilar de estruturação de outras promessas de ordem mais específica, usadas para embasar idéias de inovação, comunicação etc. desenvolvidas para fortalecer as marcas.

Você também já sabe que as oposições binárias, na verdade, são construídas a partir da combinação de certos elementos considerados relevantes pelos consumidores: por um lado os benefícios, tanto funcionais quanto emocionais; por outro os atributos, sinais, ações e muitas vezes a própria personalidade da marca, que funcionam como "fiadores" da mesma, garantindo a entrega dos benefícios prometidos.

No terceiro capítulo, enfatizei a importância da geração de insights capazes de ajudar a marca a construir uma promessa central e uma agenda de trabalho diferenciados. Nossa definição de insight considerou a habilidade de construir, a partir de dados, informações e análises, um raciocínio *capaz de mudar o jeito de olhar a relação do consumidor com a marca, apontando oportunidades de negócio*. É claro que os insights gerados só se tornam de fato determinantes para a marca quando traduzidos em idéias viáveis.

Combinando estes pilares fundamentais de conteúdo, portanto, entendemos como os conceitos são utilizados pelos profissionais de marketing no trabalho de construção de marcas:

Os conceitos ajudam a traduzir e dar vida a insights, que representam oportunidades de negócio. Eles também ajudam a aperfeiçoar as promessas feitas pela marca, explorando diferentes combinações de seus elementos.

Ou seja, os insights apontam a direção das oportunidades de negócio capazes de diferenciar a marca e torná-la relevante. Já as oposições binárias (promessa da marca) e seus elementos constituintes indicam a forma como a marca em questão viabiliza, de forma única, a oportunidade levantada. Esse é um processo dinâmico e normalmente ocorre de duas formas:

1. Desenvolvendo insights para chegar às idéias:

Muitas vezes os profissionais de marketing e pesquisa de mercado desenvolvem estudos sobre os consumidores e seus hábitos até chegar a alguns insights. A partir daí, eles buscam idéias capazes de aproveitar a oportunidade evidenciada pelo insight, bem como a promessa de marca (traduzida em oposições binárias), que seja mais importante para embasar a(s) idéia(s) gerada(s).

Vejamos um exemplo hipotético considerando a marca de catchup Heinz.

Insight: um catchup mais consistente é percebido pelos consumidores como melhor, pois parece ser feito com mais tomates.

Idéia: lançar produtos mais consistentes e comunicar esse diferencial como sua promessa central.

Promessa central: reflete a seguinte oposição binária: "Todos os catchups são feitos de tomates. Mas só Heinz é feito com mais tomates e por isso é mais consistente que os demais."

2. Desenvolvendo idéias para descobrir o insight e a oposição binária (promessa de marca) mais poderosos:

Há casos em que idéias surgem independentemente de qualquer estudo anterior. Neste caso, o desafio dos profissionais envolvidos com a marca passa a ser o entendimento do potencial que há por trás delas. No caso do Heinz, mencionado acima, por exemplo, antes mesmo das áreas de marketing e pesquisa entenderem a relevância do atributo consistência para o catchup, os cientistas da área de pesquisa e desenvolvimento da empresa poderiam ter chegado até eles e dito: "Descobrimos um jeito de fazer o catchup parecer mais consistente. Será que isso é relevante para nossos consumidores?" Neste caso, as áreas de marketing e pesquisa partiriam dessa idéia de atributo para entender a área de oportunidade associada a ela, bem como a melhor forma de aproveitá-la (através de oposições binárias). Muitas vezes a proposta em estudo faz sentido: não há oportunidade relevante associada a ela, ou não há forma diferenciada pela qual a marca poderia explorá-la. Já em outros casos, a proposta estudada se torna a verdadeira base da agenda de trabalho necessária para a construção da marca.

Independentemente da rota adotada (ambas acontecem no dia-a-dia dinâmico das empresas), as seguintes variáveis são fundamentais: um insight, a idéia capaz de explorá-lo – usando um ou mais dos elementos do modelo de posicionamento e visão de marca – e a promessa (que reflete uma oposição binária) capaz de embasar e diferenciar essa idéia.

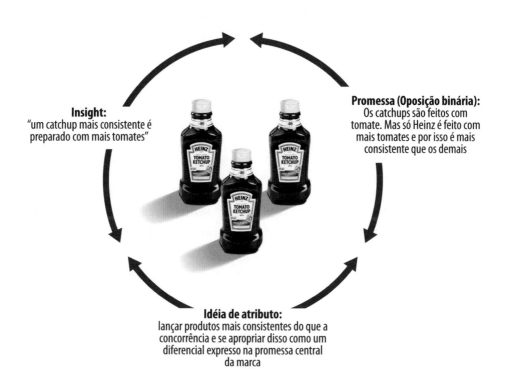

Um outro exemplo interessante diz respeito à marca OMO, mencionada no capítulo anterior:

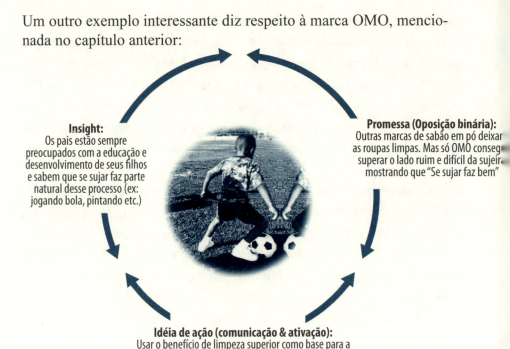

Insight:
Os pais estão sempre preocupados com a educação e desenvolvimento de seus filhos e sabem que se sujar faz parte natural desse processo (ex: jogando bola, pintando etc.)

Promessa (Oposição binária):
Outras marcas de sabão em pó deixar as roupas limpas. Mas só OMO conseg superar o lado ruim e difícil da sujeir mostrando que "Se sujar faz bem"

Idéia de ação (comunicação & ativação):
Usar o benefício de limpeza superior como base para a entrega de benefícios emocionais de maior relevância para os consumidores – base da campanha atual de comunicação e ativação da marca

Insights sobre os consumidores e seus hábitos funcionam como plataformas para a geração de idéias, traduzidas em conceitos para serem trabalhadas antes de irem para o mercado na forma de produtos, peças de comunicação etc.

Estamos falando de idéias capazes de influenciar as percepções do target sobre certas ofertas de benefícios ou sobre a personalidade da marca, através do uso de ações, sinais e/ou atributos – tudo isso destilado numa oposição binária que representa a promessa central da marca.

Dessa forma é possível, por exemplo, ter uma idéia do novo benefício a ser oferecido ao consumidor. Ou descobrir idéias de ação, sinal ou atributo capazes de garantir credibilidade a esse novo benefício, e assim por diante.

Os elementos básicos usados na estruturação de um conceito

Há muitas formas possíveis de se estruturar conceitos. Não há uma regra fixa envolvida no processo, mas podemos atentar para alguns princípios auxiliadores.

Normalmente, todo conceito contém ao menos dois elementos básicos:

- **A descrição** de qual é a idéia (produto, serviço, peça de comunicação etc.) a ser discutida.

- **A promessa** feita aos consumidores, que normalmente traduz uma oposição binária relevante.

Esses dois elementos, por si sós, já capturam indiretamente o insight ou oportunidade a ser discutido com os consumidores. Sendo assim, explorar o insight textualmente, de forma explícita no conceito, não é necessariamente uma regra.

Além destes elementos básicos, um conceito pode conter outros pilares capazes de torná-lo mais **diferenciado, relevante e crível**:

- **Razões para acreditar na promessa da marca:** os fatores que justificam a entrega dos benefícios propostos pela marca. Normalmente representados pelos atributos, sinais, ações e às vezes pela personalidade da marca. Esses elementos conferem credibilidade à promessa ou promessas feitas pela marca e, portanto, são raros os casos em que eles não são incorporados ao conceito.

- **O insight sobre os consumidores e seus hábitos:** direta ou indiretamente, o conceito precisa estar sempre embasado num insight relevante sobre os consumidores e suas necessidades. Conforme mencionamos, porém, nem sempre o insight precisará estar escrito de forma explícita no conceito. Há casos em que a simples descrição da idéia e da promessa feita é o bastante.

- **Assinatura, ou slogan:** uma sentença final que ajuda a finalizar o conceito capturando de forma sintética e poderosa a promessa da marca e a oposição binária contida na mesma.

- **Imagens, vídeos etc.:** outros recursos capazes de enriquecer a linguagem utilizada para retratar a idéia. Esses estímulos diferenciados ajudam a dar vida ao conceito.

Segue um exemplo hipotético da estruturação de um conceito, seguindo as premissas apresentadas. O caso diz respeito ao universo de alimentos e trata especificamente da categoria de aperitivos utilizados para consumo entre amigos, principalmente em reuniões domésticas.

No exemplo acima, em adição ao conceito ilustrativo, o grupo de pesquisa idealmente deveria contar com amostras do próprio produto

Insight	É muito bom ter amigos em casa, mas às vezes eles aparecem de surpresa. Por isso gosto de estar sempre preparado para estas ocasiões, mas sem ter que comprar um monte de coisas diferentes.
Definição do produto e promessa feita aos consumidores, baseada nos benefícios de sabor e praticidade	Por isso a MARCA X traz a nova Torradinha Y. Ela é um aperitivo delicioso e muito prático porque vale por dois.
Detalhamento das razões para acreditar na promessa feita	A nova torradinha Y é crocante e além disso vem salpicada com ervas e pedacinhos de tomate, e portanto **Pode ser saboreada com patê ou até mesmo pura.**
	Reforço do benefício de praticidade
Assinatura ou slogan	Experimente Y da MARCA X: o aperitivo que vale por dois.

a fim de permitir aos consumidores um contato mais rico com a proposta oferecida.

Além dos elementos básicos utilizados na estruturação de conceitos, também é válido discutir alguns princípios e boas práticas envolvidos na elaboração dos mesmos. A lista a seguir traz uma série de perguntas que devemos nos fazer ao escrever um conceito e pode ser útil no dia-a-dia de trabalho dos profissionais de marketing. Para facilitar a compreensão do tema, optei por dividir a análise em aspectos ligados ao conteúdo e outros ligados ao formato.

Dicas finais sobre a elaboração e o uso de conceitos

Perguntas-chave
ligadas ao conteúdo:

conteúdo

- O conceito endereça um insight relevante sobre o consumidor e seus hábitos? Qual é esse insight?

- Será que não estamos tentando resolver problemas que na verdade não existem? Se este for o caso, é porque as pessoas não entenderam direito o insight proposto, ou porque o insight explorado não é de fato pertinente?

- A promessa feita pela marca, seja ela sua promessa central, ou aquilo que um produto ou serviço específico da mesma se propõe a entregar é relevante, diferenciada e crível? Caso contrário, por que as pessoas se interessarão por sua proposta?

- Os elementos que formam o conceito estão integrados de forma pertinente? A promessa da marca responde ao insight? As razões para acreditar são as melhores evidências de suporte aos benefícios prometidos nas oposições binárias exploradas?

- Mesmo no caso do conceito trabalhar diferentes benefícios e razões para acreditar na promessa da marca, sua mensagem central está focada e clara? Ou o conteúdo está confuso em função da tentativa de focar muitos elementos sem a devida coerência e lógica de integração entre as partes?

- Os atributos, sinais, ações, ou a personalidade da marca estão devidamente ligados à entrega de um ou mais benefícios, ou eles estão literalmente ´sobrando´ na estrutura do conceito? Se este é o caso, eles estão agregando alguma coisa de fato, ou poderiam simplesmente ser eliminados?

- Caso você esteja usando o slogan ou assinatura da marca, ela está estruturada de forma a realmente traduzir de maneira inspiradora a promessa feita?

- As ´razões para acreditar´ nos benefícios propostos estão traduzidas de forma didática e inspiradora, através de demos, garantias etc.?

- A marca está expressa de forma clara e pertinente na exposição do conteúdo e promessa do conceito?

- Colocando-se no lugar do consumidor, como você se sente em relação à promessa feita? E como você se sentiria usando o produto, serviço, ou marca em questão?

Perguntas-chave ligadas ao formato:

- A mensagem está comunicada de forma clara no texto, imagem, ou outros estímulos utilizados para traduzir a promessa da marca?

- O conceito está escrito usando a linguagem dos consumidores, ou está repleto de expressões e termos de marketing, usados apenas pelos profissionais das empresas? Em particular, termos técnicos e tecnologias específicas estão escritos de forma inteligível e inspiradora?

- Apesar de usar a linguagem do consumidor, será que estamos abusando de expressões muito comuns e banalizadas, que podem matar o conceito e deixando-o menos inspirador? (ex: "a correria do dia-a-dia").

- O texto inclui palavras e termos impactantes e atrativos como ´novo´, ´único´, ´primeiro´ etc.?

- Há alguma repetição de conteúdo? É possível escrever o conceito de forma mais sucinta e impactante? Você consegue ler o conceito em voz alta em 30 segundos ou menos? Caso contrário, será que há elementos demais que poderiam ser eliminados?

- Além de texto, o conceito está utilizando de forma diferenciada e criativa outros recursos capazes de ajudar na comunicação da promessa da marca, tais como fotos do produto, embalagem, consumidores em ocasiões de consumo, vídeos etc.?

- Por fim, o conceito final lhe parece inspirador, ou soa mais como uma lista de compras? Se este for o caso, recomendo a você voltar ao início da lista e começar novamente.

Já falei sobre os elementos usados normalmente na elaboração de conceitos. Porém há um ponto fundamental que ainda merece atenção. É importante desenvolver conceitos pensando também nos demais estímulos que o complementarão durante a pesquisa, ajudando a traduzir de forma cada vez mais clara e poderosa a promessa feita pela marca.

Como você já sabe, conceitos são ferramentas úteis que funcionam como modelos, protótipos, plantas ou qualquer outro recurso capaz de testar idéias antes que elas se tornem produtos ou serviços oferecidos no mercado.

Quanto maior a riqueza de expressão dos conceitos e demais estímulos usados para representá-los, portanto, mais produtivo será o exercício de discussão e desenvolvimento de uma idéia.

Pois bem. O psicólogo americano Howard Gardner define em seus estudos sete tipos diferentes de inteligência, que podem ser estimuladas e expressas de formas diferentes:

- verbal/lingüística
- lógica/matemática
- musical/ corporal/cinestésica
- visual/espacial
- interpessoal
- intrapessoal

Estudiosos da área de aprendizado e comportamento humano lembram que a maioria de nós foi acostumada a pensar e agir seguindo apenas princípios cartesianos, baseados no raciocínio lógico e linear, deixando de lado emoções e a criatividade. Isso é particularmente verdadeiro no ambiente corporativo de muitas empresas. Daí a busca cada vez maior por cursos capazes de ajudar seus profissionais a usarem não apenas o hemisfério esquerdo do cérebro (considerado o racional), mas também o direito (ligado à criatividade).

O fato é que o ambiente de negócios muitas vezes estimula apenas o uso da linguagem escrita ou oral. Mas é como já disse um colega:

"Se não estamos vendendo palavras, então vamos usar mais do que simples palavras para nos comunicarmos com as pessoas!"

Quando usamos apenas palavras para nos expressarmos, corremos o risco de restringir o uso de nossas próprias prateleiras mentais. Para a maioria das pessoas, por exemplo, um cachorro é um mamífero e ponto. Essa é uma informação simples de se categorizar. Mas há uma série de conteúdos passíveis de interpretações variadas.

Imagine duas pessoas distintas lendo o mesmo livro. Num determinado capítulo da história aparece um monstro, descrito apenas através da narrativa. Se pedirmos a essas duas pessoas que desenhem o monstro que imaginaram, é quase certo que teremos duas ilustrações bastante diferentes. Agora, se no livro houver uma imagem do monstro, não restarão dúvidas quanto às suas características.

Da mesma forma, aquilo que considero luxuoso pode ser visto como algo banal e até mesmo de mau gosto por outra pessoa. Daí a importância de usar formas variadas e ricas de estímulos na construção de conceitos.

Agências de propaganda, cujo negócio é focado na arte de comunicar idéias, sabem muito bem que o meio utilizado para comunicar algo também faz parte da mensagem que se quer transmitir. O teórico canadense Marshal McLuhan não poderia estar mais certo quando cunhou a célebre frase "O meio é a mensagem".
Imagens inspiradoras muitas vezes transmitem a personalidade da marca com mais propriedade do que um texto. Era o que já havia

percebido o publicitário Fred Barnard que, em 1921, nos EUA, criou a frase "Um olhar vale mais do que mil palavras", publicando-a em anúncios que ofereciam espaços publicitários em bondes (onde o olhar dos passageiros, descobriam as agências e as empresas, valia ouro).

Para dar mais credibilidade ao seu slogan, creditou a afirmação a um filósofo japonês. Seis anos depois, em outra propaganda, remodelou a frase para a sua versão mais conhecida: "Uma imagem vale mais do que mil palavras". Desta vez, atribuiu a mensagem a um provérbio chinês. Como se vê, tudo é uma questão de conceito.

É claro que não estou propondo o uso dos conceitos e outros estímulos como formas de propaganda, usados para vender ou persuadir os consumidores em grupos de pesquisa. Estou apenas lembrando que as pessoas aprendem e se relacionam com informações de formas diferentes e, portanto, é preciso estimulá-las com ferramentas que sejam realmente capazes de tocá-las, comunicando de forma eficaz uma determinada idéia.

Em linhas gerais, podemos classificar as formas pelas quais as pessoas apreendem informações em três tipos principais: através de palavras (texto), imagens e ação. Pense nisso na próxima vez que for escrever um conceito.

Como já disse, há muitas coisas sobre as quais os consumidores não gostam de falar abertamente e outras que eles simplesmente jamais admitirão. Se, num grupo de pessoas, perguntarmos a um executivo por que ele comprou um carro da marca Jaguar, ele provavelmente listará uma série de razões funcionais como potência do motor, segurança etc. Dificilmente ele admitirá que, no fundo, adora dirigir por uma rua movimentada e chique da cidade e se regozijar com os olhares das outras pessoas que comunicam, indiretamente, a mensagem que massageia o seu ego: "Esse cara chegou lá!"
Mas o que isso tem a ver com o nosso assunto? Simples: é que da mesma forma que não levamos aos consumidores apenas estímulos

verbais e textuais, é fundamental também estarmos atentos não apenas às suas respostas verbais. Ao compartilhar um conceito e demais estímulos de trabalho, qual é a reação inicial das pessoas? Que olhares elas trocam entre si? Que exclamações surgem espontaneamente?

Já presenciei grupos de pesquisa em que algumas mulheres, em consultas individuais, quase exclamavam "Até que enfim!" quando lhes mostrávamos um conceito. Mais tarde, no entanto, na frente de outras participantes da pesquisa, estas mulheres empolgadas surpreendentemente se mostravam sérias e reticentes ao emitir seu comentário.

Há muitas explicações possíveis por trás desse comportamento, como falta de credibilidade da marca ou a presença de um assunto tabu. O fato é que é preciso estar alerta a essas nuances de comportamento para capturar toda a riqueza da troca envolvida numa discussão com consumidores.

Há ainda um ponto razoavelmente polêmico ligado aos resultados de pesquisas qualitativas. Mesmo quando o conceito, estímulos e demais elementos estão ok, podemos perceber, no meio da pesquisa, que ainda há um longo caminho a ser percorrido antes que a idéia trabalhada se torne de fato um produto final ou serviço. Nesse caso, o importante é voltar para a prancheta com os aprendizados colhidos e trabalhar melhor a idéia.

É importante ficar atento a situações em que há uma dispersão grande da média do conceito, ou seja, quando há muitos consumidores que amam a idéia, e também muitos que a odeiam. Ao invés de um cenário polêmico como esse, pode ser melhor que eles simplesmente considerem a marca boa. O que acontece muitas vezes é que os profissionais de marketing, apaixonados por suas marcas e idéias, se agarram à opinião daqueles que amaram a idéia e buscam justificativas para o comportamento daqueles que a odiaram. Em todo caso, o fundamental é aprofundar a análise dos grupos e dos detalhes envolvidos em sua dinâmica antes de dar os próximos passos.

Além de nos ajudar a entender e avaliar o potencial de uma idéia a nível macro, os conceitos nos permitem também quebrá-la em suas partes fundamentais. Assim podemos explorar formas de torná-la ainda mais poderosa. Essa é a diferença entre ser eficaz e ser eficiente, afinal: ser eficaz é fazer a coisa certa. Ser eficiente é fazer a coisa certa *da melhor maneira possível.*

Uma vez identificado o potencial de uma idéia, é hora de esmiuçá-la da melhor maneira possível com o auxílio dos consumidores. É através dessa dinâmica de abordagem que espantalhos se transformam em modernas soluções de agribusiness.

Veja o exemplo a marca Swatch, que definiu sua estratégia baseada na criação de uma oposição binária capaz de reorganizar seu segmento de atuação: "Todos os relógios mostram as horas. Swatch mostra as horas e te ajuda a se expressar." A oposição binária da marca é baseada no seguinte insight: mais do que uma simples forma de mostrar as horas, os relógios podem ser acessórios de moda, capazes de ajudar a definir quem somos.

A partir daí, a marca passou a trabalhar uma agenda de inovação constante. A cada estação são lançados modelos diferentes, trazendo sempre novas coleções capazes de sustentar a proposta ligada ao universo dinâmico da moda e da auto-expressão. Dentro de cada tema de relevância (artes, natureza etc.), diferentes execuções são discutidas e aprimoradas em pesquisa.

Ao trabalhar as partes de uma grande idéia para reforçar seu significado, no entanto, cuidado: lembre-se de estar lidando com componentes de uma idéia, e não com *a idéia em si.* É esta última que apresenta sempre maior poder de mobilização junto aos consumidores. Vide o que ocorreu, há alguns anos, com a comunicação de Impulse, marca de desodorantes femininos da Unilever:

A promessa da marca Impulse sempre esteve, de certa forma, associada ao universo da sedução e ao poder magnético conferido às usuárias pelo uso de fragrâncias diferenciadas. Durante anos os comerciais da marca exploraram cenas com homens entregando flores de formas inusitadas a mulheres que usavam Impulse. Era o desodorante despertando sentimentos de paixão.

Porém, após um longo período explorando comunicações similares, a marca decidiu inovar para não se tornar previsível e repetitiva. Uma vez que ela sempre explorou o território do romance inesperado, novas execuções poderiam dar vida à idéia de campanha da marca, com ou sem o uso de flores.

Um filme clássico – que veio a ser premiado internacionalmente – foi usado para marcar o início da nova fase de trabalho da marca. O filme se chamava "Escola de arte": uma classe de alunos se encontra na sala de aula de uma escola de arte, pintando um nu artístico. Eles estão mirando um jovem modelo nu para cumprir essa tarefa. De repente uma aluna chega atrasada na sala de aula, passando pelo jovem modelo e causando uma reação "inesperada" no mesmo pelo fato de ela estar usando Impulse. A classe inteira pára, chocada diante da reação involuntária do pobre jovem modelo. Vejam que o romance inesperado é retratado aqui de forma absolutamente diferente das anteriores sem, contudo, se desvirtuar da idéia central de comunicação da marca.

A idéia de campanha da marca estava, portanto, baseada numa oposição binária poderosa: "Todo romance é bom. Mas um romance inesperado é melhor ainda".

Em resumo, é preciso buscar o delicado equilíbrio entre eficácia e eficiência. Fazer a coisa certa e da melhor maneira possível é saber trabalhar as diferentes peças da engrenagem de forma a não só impedi-la de parar, mas de fazê-la funcionar melhor!

Os conceitos são extremamente úteis neste desafio. Na verdade, eles representam uma das ferramentas mais úteis no dia-a-dia dos profissionais de marketing, auxiliando no processo de busca de insights capazes de revelar oportunidades de negócio. Ao mesmo tempo, servem de base para a construção do modelo de visão da marca – incluindo sua promessa central – e ajudam na importante tarefa de descobrir e desenvolver idéias para propostas de produtos, serviços e comunicações interessantes para os consumidores.

É preciso saber usar os conceitos para desenvolver idéias, e não simplesmente para julgá-las de forma sumária, em estágios preliminares de desenvolvimento. Os responsáveis pela criação e fortalecimento de marcas precisam entender que este processo muitas vezes leva tempo e demanda algumas idas e vindas da prancheta de trabalho. Só assim é possível transformar rochas brutas em diamantes.

4. Transformando insights em conceitos

5. Do conceito à comunicação eficaz

6. Gerando boca-a-boca sobre a marca

7. Os sinais da marca

8. Quando sinais de mais de uma marca estão juntos...

9. Marcas e inovação: tudo a ver

5. Do conceito à comunicação eficaz

"A mente que se abre a uma nova idéia jamais voltará ao seu tamanho original"

Albert Einstein

O papel das ações de comunicação na construção da visão da marca

A revolução tecnológica nas comunicações e na eletrônica permitiu aos consumidores de hoje um nível de informações cada vez maior sobre os mais variados assuntos, o que gera entre eles crescente preocupação com os produtos que consomem e com as marcas com as quais se relacionam.

Por outro lado, a expansão das corporações para outros países e regiões fora de seus núcleos geopolíticos desenvolveu um mercado extremamente competitivo. Estamos falando de um número cada vez maior de marcas em todos os segmentos e categorias de produtos e serviços.

Pense na quantidade de opções de sabonetes, vestuário, azeites etc. que você conhece. Segundo divulgação recente da revista *Supermercado Moderno*, apenas no Brasil existem atualmente cerca de 516.000 marcas registradas no Instituto Nacional de Propriedade Industrial (INPI).

O quadro atual também mostra que não são só os consumidores que estão mais atentos e conhecendo melhor as categorias de produto e suas marcas. Os supermercadistas também. Outra pesquisa divulgada na *Supermercado Moderno* revela que, até há pouco tempo, os responsáveis pelo setor mencionavam os nomes dos principais fornecedores no lugar das marcas dos produtos. Assim, em vez de citarem o creme dental Kolynos, por exemplo, eles se referiam a Anakol, então fabricante do produto. Hoje esses erros não se repetem mais.

Um colega meu costumava dizer que, no passado, o setor supermercadista não era tão organizado e desenvolvido como é hoje. Nessa época, as marcas chegavam mais facilmente aos consumidores. Segundo esse colega, era como estar numa casa em frente ao mar e simplesmente atravessar a rua para dar um mergulho.

Com o tempo, a situação mudou. Hoje o setor supermercadista está completamente mudado – e profissionalizado. Seguindo a analogia do meu amigo, é como se tivessem construído um prédio do outro lado da rua. Agora, não basta atravessar a rua para entrar no mar.

É preciso pedir licença ao condomínio desse enorme prédio. Apenas marcas fortes e relevantes dentro de seus segmentos de atuação têm chance de ser negociadas e expostas nos mercados.

Como lançar e consolidar marcas de sucesso em um cenário tão competitivo? Conforme mencionamos no capítulo de Posicionamento e visão de marcas, esse desafio pede uma série de ações distintas realizadas pela marca, como inovação e comunicação.

Quem nunca escutou no mercado a famosa frase "A propaganda é a alma do negócio"? Marcas são, como já dito, conjuntos de percepções acerca de um produto, serviço, empresa ou pessoa. Por isso é tão importante a comunicação da promessa central aos consumidores.

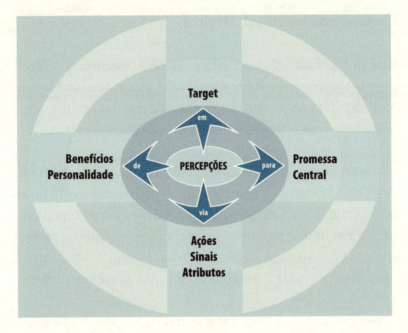

Por isso a comunicação é uma das ações fundamentais trabalhadas pela marca na construção da sua visão.

Desenvolvendo ações de comunicação eficazes

Mas quais elementos estão por trás de ações de comunicação eficazes? Na verdade, há três pilares fundamentais a serem considerados no processo:

A- *Concordando inputs estratégicos*: definições básicas da estratégia da marca e negócio da empresa que devem anteceder e nortear o desenvolvimento das ações de comunicação.

B- *Definindo a idéia de campanha e as propriedades da marca*: idéia que traduz a promessa central da marca e os elementos de suporte que ajudam a construí-la.

C- *Criando e avaliando ações de comunicação*: regras básicas que auxiliam no desenvolvimento e avaliação das ações de comunicação.

A- Concordando inputs estratégicos

O primeiro input estratégico fundamental é o documento de *Posiciona-mento e Visão de marca* sobre o qual falei no capítulo 2. Ele nos ajuda a identificar claramente qual é a promessa central da marca, que deverá servir de base para o desenho do briefing de comunicação.

É claro que outros elementos da visão de marca também ajudarão no desenvolvimento da comunicação. A personalidade da marca, por exemplo, é um input fundamental para a definição do tom da comunicação. No entanto, a promessa central funciona como espinha dorsal do briefing criativo para a agência. Todos os demais elementos devem ser usados para ajudar a garantir maior detalhamento ao mesmo.

Dito isso, é importante resgatar as características básicas que identificam uma promessa central forte:

Relevante: não faz sentido oferecer algo às pessoas que não esteja ligado a uma ou mais necessidades das mesmas.

Diferenciada: é preciso considerar o desenvolvimento de uma oferta que ofereça vantagem competitiva frente à concorrência. Caso contrário, por que as pessoas passariam a adotar sua marca?

Crível: de que adianta oferecer algo relevante e diferenciado se as pessoas não acreditam no potencial de sua marca em cumprir a promessa feita?

Focada: há muitas marcas capazes de entregar inúmeros benefícios funcionais, emocionais e "razões para acreditar" nos mesmos. Porém, um exercício estratégico fundamental na construção das marcas é saber distinguir quais são os elementos-chave que realmente as diferenciam daqueles que, apesar de importantes, podem ser trabalhados como acessórios adicionais na agenda de ações de comunicação e construção da visão da marca.

Um exemplo capaz de ilustrar esses pontos é a **linha Pure Zone, da marca de beleza L´Oréal Paris**, desenvolvida para as consumidoras jovens que sofrem com problemas de acne. Se a beleza já é normalmente um componente fundamental da auto-estima, talvez ela seja ainda mais relevante nessa fase da vida, quando as meninas estão buscando formar sua identidade e se auto-afirmar.

A promessa central de Pure Zone é a garantia de uma pele sempre limpa, saudável e bonita, através de uma linha completa de seis produtos com os ativos sebo-calmyl e ácido salicílico, desenvolvidos para três passos simples: limpeza, tonificação e hidratação.

Creio que é inquestionável a relevância de uma pele limpa e linda na composição da beleza feminina.

Ao mesmo tempo, a marca busca fazer sua oferta *diferenciada* aos olhos das consumidoras, uma vez que traz uma linha completa de produtos e garante não apenas limpeza, mas também tonificação e hidratação.

A oferta é crível, pois além de ser da marca L´Oréal Paris, uma das líderes mundiais em produtos de beleza, está baseada numa tecnologia diferenciada, associada aos dois ativos sebo-calmyl (extrato de algas

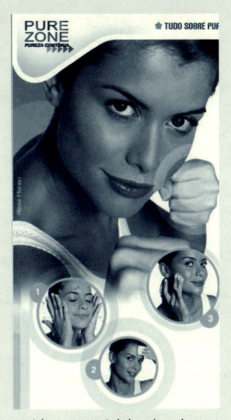

marinhas com propriedades sebo-redutoras e calmantes) e ácido salicílico (ácido com ação esfoliante suave).

Por fim, a linha Pure Zone possui uma promessa central focada e associada à garantia de uma pele limpa, saudável e linda, suportada por uma tecnologia única e pelo credenciamento de L´Oréal Paris. Sempre que possível, dependendo da mídia adotada, a linha também detalha o funcionamento de seus seis produtos, explicando outros benefícios funcionais e trazendo mais informações sobre sua tecnologia superior.

Na definição dos objetivos de comunicação de uma marca, outro input importante é a leitura dos **gaps** entre a visão de marca almejada e seu posicionamento atual.

Vamos imaginar um exemplo hipotético associado ao case de Pure Zone:

Além de ser uma das grandes líderes globais do universo de produtos de beleza, L'Oreal Paris é uma marca internacional. Por um lado isso pode ser muito positivo e funcionar como elemento credenciador. Por outro, o uso exclusivo de estrelas internacionais pode, com o tempo, distanciar a marca das consumidoras brasileiras. Para evitar esse quadro (e essa é apenas uma hipótese), a presença da Aline Moraes na comunicação poderia ser mesmo a melhor saída.

Além da definição da visão de marca, que inclui a promessa central a ser trabalhada nas ações de comunicação e os gaps entre posicionamento e visão de marca a serem alcançados, também é fundamental para o desenvolvimento das ações de comunicação a definição clara de objetivos:

Existe uma hierarquia básica entre os objetivos de negócio, de marketing e de comunicação da marca e da empresa. O que quer dizer que, além de ajudar na construção da visão desejada pela marca, as ações de comunicação são também parte do plano utilizado para se atingir os objetivos de marketing e de negócio. Em linhas gerais, podemos definir da seguinte forma os objetivos que norteiam as ações de comunicação:

Objetivos de negócio: Quais são os objetivos definidos na estratégia da categoria/marca? Eles são normalmente expressos em termos de crescimento e lucratividade. Exemplos:

- Aumentar o faturamento da marca em 10%, mantendo os atuais níveis de margem, garantindo portanto uma lucratividade de X%

- Manter a posição de share num mercado em declínio

Objetivos de marketing: Em quais consumidores devemos focar e quais são as mudanças esperadas em seu comportamento para que a marca possa atingir os objetivos de negócio definidos? Eles são normalmente expressos em termos de:

- Penetração (experimentação)

- Repetição da compra

- Freqüência de compra

- Quantidade comprada

- Consumo/experimentação (atração de não usuários)

Objetivos de comunicação: em que os consumidores precisam acreditar e pensar para que a marca atinja a mudança de comportamento definida nos objetivos de marketing? Eles podem ser expressos em termos de:

- Lembrança de marca/*awareness* (criar ou manter)

- Criar, reforçar ou modificar atitudes

Uma vez mais, se imaginarmos o caso de Pure zone, o objetivo financeiro poderia ser atingir um faturamento líquido de X% e, conseqüentemente, conquistar X pontos de *market share* e uma lucratividade de X%.

Para isso, o objetivo de marketing poderia ser o aumento de X% na freqüência de compra entre usuários atuais, e ainda de X% na penetração (atração de não usuários da marca).

Por fim, os objetivos de comunicação da marca (associados ao objetivo de marketing de incremento de freqüência) seriam reforçar atitudes positivas junto aos usuários atuais. Já no caso do aumento da penetração, o objetivo de comunicação poderia ser gerar lembrança de marca e criar atitudes positivas entre não usuários que eventualmente não a conheçam ou, ainda, tentar modificar atitudes negativas de não usuários que já a conhecem mas que preferem outras alternativas existentes no mercado.

Em última análise, a definição de objetivos ajuda a tornar claras as expectativas de retorno financeiro em ações de comunicação para as marcas. Até por isso vale resgatar agora o importante conceito de retorno sobre investimentos, ou ROI.

O nome, *Return on Investiment* (ROI), já diz tudo. O retorno sobre o investimento pode ser calculado de diferentes formas, dependendo da filosofia da empresa. As mais convencionais analisam o quociente da expectativa de lucro líquido a ser gerado, pelos investimentos feitos.

E aí é importante comentar um dilema eterno dos profissionais de marketing. Na hora de definir os planos anuais e de longo prazo para as marcas, eles se vêem na seguinte encruzilhada: gerar lucro financeiro maior no curto prazo ou aumentar a força de marca para "blindá-la" e buscar, com isso, garantir maior probabilidade de lucro financeiro a médio e longo prazos?

Hoje em dia, grandes empresas andam solucionando esse problema através do chamado crescimento sustentável. O que quer dizer sim lucro no curto prazo, mas de tal forma que o médio e longo prazos não sejam comprometidos. E isso também significa que, sozinho, o cálculo do ROI por uma métrica financeira que não considera impactos mais amplos na marca não resolve o problema.

Por isso é que vale a pena também avaliar periodicamente o valor econômico da sua marca. Faz todo sentido, já que as ações de marcas geram mais do que lucros financeiros de curto prazo. Elas também geram um fabuloso ativo intangível, presente no coração das pessoas: a fidelidade e preferência pela marca.

Está aí um ativo difícil de ser mensurado. Mas existem algumas ferramentas que ajudam os gestores de marca a identificar sua força. O princípio de tais ferramentas é o entendimento da força da marca traduzida numa escala que varia do seu simples conhecimento até a preferência por parte dos consumidores.

Naturalmente há outros fatores que são considerados, mas, de forma bem simples, quanto maior o nível de preferência (em oposição à situação de mera lembrança de marca, sem conexão emocional), maior tenderá a ser o valor econômico da marca.

Já falei dos inputs estratégicos que integram o primeiro pilar do processo de desenvolvimento de ações de comunicação. Agora vou explorar o segundo pilar, formado pela definição da idéia de campanha. Ele serve de base para ações de comunicação capazes de ajudar a marca a construir sua visão desejada e atingir os objetivos de marketing e financeiros estabelecidos.

B- Definindo a idéia de campanha

O que promove o desenvolvimento de boas ações de comunicação é a definição clara da idéia de campanha da marca. Ela é, na verdade, uma forma de trazer à vida a promessa central da marca.

Lembre que, no desenvolvimento de conceitos, muitas vezes quebramos uma idéia em partes para entendê-la melhor em pesquisa com consumidores. Nesse processo, é fundamental não perder de vista a idéia central que está sendo estudada. O princípio é válido para qualquer ação desenvolvida pela marca, como inovações e ações de comunicação.

Um exemplo disso é o **extrato de tomate Elefante, da marca Knorr Cica.**

A comunicação da marca explora a versatilidade oferecida para o dia-a-dia dos consumidores e um toque de sabor diferenciado, garantido por um produto que é 100% natural, elaborado a partir de tomates frescos e cuidadosamente selecionados. Mas a promessa central da marca, traduzida em sua idéia de campanha, explora em particular seu rendimento superior, já que estamos falando de um molho feito com mais tomates. Este é um forte elemento de diferenciação do Elefante frente às marcas concorrentes. Não é coincidência o fato de muitos dos filmes de TV da marca explorarem a seguinte cena: enquanto prepara uma refeição usando o extrato elefante, uma dona-de-casa usa uma colher para colocar o produto na panela. Para que o produto caia, ela precisa bater a colher na borda da panela. Isso porque o extrato de tomate, mostra o comercial, possui consistência superior. Esse gesto, muito simples, ajuda a construir a idéia de campanha da marca, evidenciando que Elefante é mais consistente que outros extratos – e ser mais consistente significa ser feito com mais tomates: cada lata de 350g de Extrato Elefante contém em torno de 20 tomates, ou seja, aproximadamente 3 kg de tomates!

Entrando em campo

A idéia de campanha também deve ter fôlego. É importante que ela possa ser desdobrada em várias ações de comunicação específicas e distintas, que proporcionem diferentes ângulos de interação com o consumidor.

A campanha da Mastercard, por exemplo, tem exatamente esse perfil. Ao invés de utilizar uma abordagem de comunicação focada apenas na oferta de conveniência e serviços específicos como o limite de crédito ou aceitação em vários estabelecimentos, a marca de cartões MasterCard desenvolveu uma campanha baseada num insight poderoso sobre a natureza humana: "Existem coisas que o dinheiro não compra".

As comparações de preço entre as compras diárias feitas pelas pessoas e as coisas que no fundo mais importam na vida dramatizam a idéia de que o que é mais valioso não vem com uma etiqueta de preço. Essa é uma idéia que já foi traduzida em inúmeras ações de comunicação específicas.

C- Criando e avaliando ações de comunicação

Há muitos fatores importantes a ser considerados na criação e avaliação de ações específicas de comunicação. Vou traduzi-los numa lista de 3 perguntas-chaves a fim de facilitar seu uso e aplicação:

A ação de comunicação desperta e mantém o interesse das pessoas?

Se isso não acontecer, nada do que a marca pretende dizer chegará até o consumidor. O formato de uma ação de comunicação possui três dimensões importantes. A primeira delas diz respeito ao impacto ou capacidade de chamar a atenção. Alguns exemplos:

O mercado tailandês impõe regras e restrições à menção direta de produtos de uma série de categorias diferentes. Para contornar esse problema, a Pfizer desenvolveu uma campanha com ações de ativação diferenciadas e criativas, envolvendo o uso de tubos de ar e lonas para comunicar a promessa central da **marca Viagra**, que trata a impotência masculina.

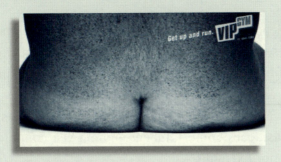

Em busca de novos usuários entre a grande massa de sedentários, **a academia Vip Gym** desenvolveu uma campanha que utilizou adesivos divertidos colados em cadeiras de bares, restaurantes e lanchonetes próximos à academia:

O segundo desafio de uma ação de comunicação é que, além de chamar a atenção, ela deve ser capaz de garantir o envolvimento do consumidor, de forma que ele interaja com a comunicação e absorva seu conteúdo. Há uma série de ações de comunicação como comerciais de TV, anúncios de revista etc. que funcionam assim. Porém há outros que causam dispersão e nos fazem mudar de canal ou virar a página. Claro que este comportamento também tem a ver com nosso interesse pelo tema anunciado. No entanto, mesmo quando se trata de uma área de interesse do consumidor, as ações de comunicação podem falhar em envolvê-lo.

Há ainda um terceiro elemento ligado ao interesse do consumidor que é o fôlego ou durabilidade da ação de comunicação. Você já deve ter percebido que há alguns comerciais de TV, por exemplo, que não conseguimos ver mais de uma vez. Claro que, após a primeira interação com a comunicação, a queda de interesse das pessoas é natural. Mas é importante desenhar ações de comunicação que sejam capazes de, ao menos, não afugentar seu público logo após a primeira apresentação.

Algumas marcas são tão felizes nessa busca, que as pessoas não só gostam de suas ações como também enviam seu conteúdo a amigos pela Internet, por exemplo.

Vamos então à segunda pergunta fundamental a ser feita:

A ação comunica de fato a promessa central da marca?

Quantas vezes não assistimos a comerciais na TV e no final nem sequer sabemos o que a marca queria dizer? Num mundo em que informações nos bombardeiam constantemente, essa é uma questão fundamental. Se a marca não for rápida, direta e didática na hora de transmitir sua mensagem, provavelmente perderá a chance de conquistar os consumidores.

Na busca pela clareza, é preciso perguntar: É fácil para as pessoas entenderem o que está sendo dito pela marca?

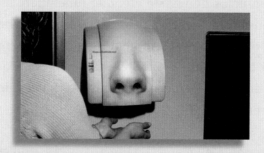

A ação de ativação da **marca Lyomer de remédio para desobstrução nasal** ilustra bem esse ponto. Anúncios foram colados em secadores de mão de banheiros públicos para demonstrar aos consumidores, de forma inusitada, a eficácia prometida pela marca na entrega de sua promessa central.

A marca **Furnas Centrais Elétricas** atua no segmento de geração e distribuição de energia elétrica, um setor estratégico para o país não apenas pelo impacto direto na vida e conforto das pessoas, mas também por sua importância nos setores empresarial e industrial. Além disso, a marca trabalha alinhada a princípios de respeito às questões sociais e ambientais.

A campanha de Furnas é um caso de comunicação clara. Uma de suas ações de comunicação em mídia impressa dá o exemplo. O título do anúncio já traz, de forma bem definida, a idéia de campanha com foco direto na promessa central da marca – "Onde chega a Força de Furnas, chega também o compromisso com o Brasil."

Ao mesmo tempo, a direção de arte é bem didática: um fio cruza o anúncio e, quando chega em cima da favela, transforma-se na silhueta de uma cidade grande, deixando clara a melhoria de condição de vida propiciada pelo fornecimento de energia. Em primeiro plano, as duas crianças sorridentes dão um tom emocional à comunicação e reforçam a promessa entregue pela marca.

Apenas na parte inferior do anúncio há um texto mais detalhado que explica com mais profundidade as ações de Furnas e seu impacto na vida das pessoas e empresas. Assim, mesmo que determinado leitor não tenha curiosidade de entrar em muitos detalhes sobre Furnas e sua missão, ele já terá entrado em contato com sua promessa central.

Além de clareza, é importante também que os detalhes da ação de comunicação estejam alinhados com os elementos da visão da marca. É preciso tomar cuidado, por exemplo, para não falar de benefícios que não fazem parte da agenda de trabalho da mesma. Por sua vez, o tom da comunicação deve refletir de forma pertinente e coerente a sua personalidade. O anúncio de Furnas é um exemplo de ação de comunicação que, além de clara, é também alinhada com a promessa central e com a visão da marca.

A terceira pergunta-chave que devemos nos fazer durante o desenvolvimento ou julgamento de ações de comunicação é a seguinte:

A ação de comunicação deixa claro qual marca está comunicando?

São freqüentes os casos de ações de comunicação que despertam o interesse das pessoas, comunicam de forma clara a promessa central de determinada marca e, entretanto, não deixam claro que marca é essa.

Se olharmos mais uma vez para o exemplo de Furnas, veremos que a marca evitou problemas como esses usando de forma didática a direção de arte do anúncio. Logo abaixo da silhueta formada pelos fios, que mostram visualmente a promessa central da marca, já se encontra a assinatura: "Furnas, o Brasil conta com essa força."

Veja que no rodapé do anúncio há também as marcas da Eletrobrás e o logo do Governo Federal. Se Furnas não tivesse adotado a abordagem mencionada e deixasse para colocar sua marca apenas no rodapé, poderia causar confusão entre a promessa central e a sua marca.

Veja **o caso da IBMEC**, uma das instituições líderes no segmento de **ensino superior** do Brasil, com cursos de graduação, MBA e Mestrado. O mercado consumidor do IBMEC é formado por estudantes e profissionais de alto potencial, que buscam aprimoramento constante. O IBMEC, então, baseou sua promessa central de marca na seguinte oposição binária: "Outras instituições oferecem cursos variados. O IBMEC oferece cursos variados de qualidade e formação prática superiores." Uma vez que seus resultados são de fato significativos para a formação e conseqüente empregabilidade de seus consumidores, a marca investiu no atributo "qualidade e formação prática superiores",

criando a seguinte idéia de campanha: "IBMEC. Você preparado para ser o que quiser."

Nas ações de comunicação, a identidade da marca é trabalhada através de um sinal saído diretamente de seu nome (O 'I' de Ibmec) e que, por isso mesmo, parece ser o pilar central de suas ações. Essa abordagem garante o entendimento e associação da marca à sua promessa.

Recentemente, **a marca Coca-Cola** lançou uma nova campanha global, baseada na idéia de campanha "Viva o lado Coca-Cola da vida". Trata-se, na verdade, de um convite para que as pessoas vejam e vivam o lado positivo das coisas e da vida. O anúncio abaixo deixa claro o convite da marca, que traduz sua promessa central ao mostrar armas saindo da garrafa de Coca-Cola — armas de cujos canos saem flores.

Neste caso, não é apenas o nome da marca que está claramente mostrado no texto do anúncio "Sonhe com o lado Coca-Cola da vida", mas a própria garrafa de Coca-Cola, sinal fundamental de identificação da marca.

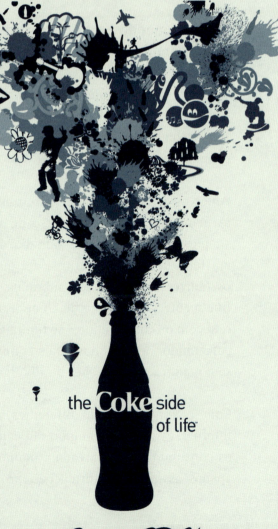

O quadro a seguir traz um resumo das perguntas-chave que devem ser feitas no desenvolvimento e avaliação de ações de comunicação:

Desperta e mantém o interesse das pessoas?	Comunica a promessa central da marca?	Deixa claro o que a marca está comunicando?
Impacto Envolvimento Fôlego ou durabilidade	Clareza Alinhamento	Presença da marca e seus sinais

Proporcionando experiências de marca e diálogo com os consumidores

Como já vimos, o mundo globalizado trouxe muitas mudanças que influenciam diretamente o ambiente competitivo das marcas e a forma como elas se relacionam com as pessoas através de ações de comunicação.

Antes essa relação podia ser resumida como um monólogo no qual as marcas definiam o discurso de sua promessa central e, a seguir, simplesmente utilizavam a mídia de massa para comunicá-lo. Isso era feito de forma repetitiva até que a marca conseguisse construir os índices desejados de lembrança, percepção e atitude positivas e, finalmente, a mudança de comportamento desejada. A interação direta com os consumidores se limitava aos sistemas de atendimento ao consumidor, através dos quais eram recebidas críticas e reclamações, sem maiores repercussões ou divulgação em mídia.

Com o surgimento de diferentes meios de comunicação como a Internet, esse cenário mudou radicalmente. A relação das marcas com os consumidores é marcada atualmente pelo diálogo, onde estes não apenas assimilam informações, produtos e serviços, mas têm cada vez mais voz ativa no próprio desenho dos mesmos, bem como nas escolhas estratégicas das marcas.

Hoje, para além das ações diretas das marcas na produção de seus produtos, o impacto indireto das mesmas nos meios em que atuam é cada vez mais acompanhado pelas pessoas e, de fato, passa a fazer parte dos critérios de escolha na hora da compra.

A Action Aid, uma associação internacional contra a pobreza, desenvolveu uma ação de comunicação de grande impacto que envolveu o uso dos papéis normalmente existentes dentro das caixas de calçados. Neles foram impressos um desenho e o seguinte texto: "Crianças deveriam estar fazendo desenhos, não sapatos". Um claro apelo contra o trabalho infantil. Antigamente, você talvez comentasse uma ação como esta com um ou dois amigos no clube, no café do escritório ou por telefone. Hoje é possível disseminar essa mensagem para todos os seus amigos com um simples click.

Já pensou no impacto negativo que um problema como este pode significar para uma marca?

Em meio a tantas mudanças, três fenômenos principais se destacam hoje no universo de trabalho das marcas:

1– Novas experiências de compra

Novas tecnologias alteram fundamentalmente a interação com produtos e serviços.

O consumidor hoje pode pesquisar muito mais sobre a empresa e suas ofertas, e ele realmente faz isso. Mais ainda: ele já quer experimentar virtualmente a sensação de um produto ou serviço antes de adquiri-lo e até influenciar diretamente a sua composição ou design. Diminui-se também a distância entre o conhecer e o consumir: se o consumidor gosta, ele quer teclar e comprar. No ato. As empresas devem estar preparadas para fornecer essas experiências e desenvolver toda a infraestrutura logística que alimenta essa nova realidade.

Um exemplo disso é **a marca Nike**, cujo site permite que os usuários participem do desenho de produtos para a criação de versões personalizadas.

2- Novas formas de vivenciar a promessa central da marca

Além da troca e dinamismo envolvidos na comercialização de produtos e serviços, as marcas proporcionam ainda aos consumidores a chance de, literalmente, vivenciarem sua promessa central através de experiências diferenciadas.

A IKEA, uma empresa de móveis e decoração Sueca, evoluiu sua promessa central numa oposição binária baseada na oferta de mais do que móveis práticos e de qualidade. A empresa passou a oferecer "soluções acessíveis para se viver melhor". Para fazer os consumidores vivenciarem a promessa de marca ligada à qualidade de vida, a Ikea convidou-os a adotarem uma nova postura frente à agitação e ao estresse das grandes cidades. Em uma movimentada região de Madrid, a loja realizou um evento aberto no qual as pessoas eram estimuladas a descansar e recuperar suas energias. Foram oferecidas sessões gratuitas de massagem, criando uma atmosfera de relaxamento em pleno centro da cidade. Um médico especializado em sono e um fisioterapeuta também estavam disponíveis para orientar e tirar dúvidas do público. A ação de comunicação fez parte da campanha "Volte a conquistar sua vida", adotada para divulgar a promessa central da marca em seu catálogo de 2007.

A Charmin, marca de papel higiênico, instalou um centro de banheiros públicos no coração de Manhattan, na Times Square. Ao explorar a carência de banheiros públicos de qualidade na região, a marca aproveitou para levar sua promessa central aos consumidores, que explora a evolução de uma oposição binária baseada não apenas em qualidade e maciez superiores, mas também de conforto e bem-estar aos usuários.

As experiências de marca, diga-se logo, ocorrem de formas variadas.

Hoje em dia já não faz mais sentido falar em campanhas veiculadas apenas na TV, na Internet ou em qualquer outro meio de forma isolada. Existem diferentes portas de interação com o consumidor, que se integram e se complementam. Mesmo que a convergência de diversas tecnologias permita que a tela do aparelho celular se consolide como o canal fundamental de conexão entre o consumidor e o mundo, por exemplo (permitindo acesso a mensagens e vídeos, funcionando como cartão de crédito etc.), outras mídias continuarão a ocupar um espaço importante e devem ser sempre integradas ao planejamento de comunicação.

A análise de meios específicos deve ajudar a marca a desenhar a melhor combinação possível capaz de atingir os objetivos de comunicação definidos para o seu target. Nem todos os canais e meios são interessantes para todos os targets, aliás. Não parece fazer muito sentido o uso de tecnologias de última geração e meios como a Internet para falar com um target mais conservador, por exemplo.

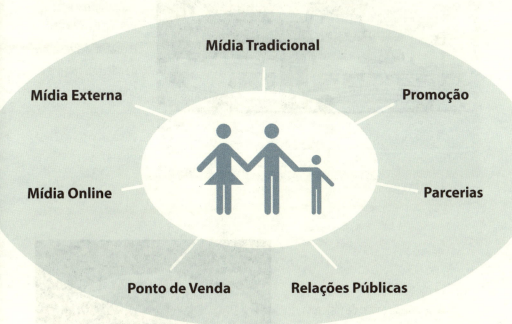

Nessa análise de busca dos meios a serem combinados para a construção do plano de ações de marketing, é importante levar em conta a seguinte consideração: por um lado, o uso de mídias convencionais (ou relacionadas à área da promessa central e idéia de campanha da marca) pode alavancar os efeitos da comunicação à medida que corresponde à expectativa dos consumidores. A veiculação de dicas de beleza da marca L'Oréal Paris num programa de beleza do canal GNT, por exemplo, pode ser absolutamente pertinente, uma vez que os consumidores já estão naturalmente atentos a alternativas de produtos e serviços ligados à beleza.

Por outro lado, o desenvolvimento de um plano que também inclua mídias inusitadas e ocasiões inesperadas de interação pode ser positivo, na medida em que coloca o consumidor em contato com a marca de forma muitas vezes impensável. Em muitos desses casos, o próprio meio utilizado se torna, criativamente, parte da mensagem.

A marca Dr. Best da GlaxoSmithKlein inovou ao divulgar a flexibilidade de sua nova escova de dentes através de adesivos colados em ônibus duplos:

Já a **marca alemã de lingerie Blush** utilizou caixas de fósforos para divulgar seus produtos de forma absolutamente inesperada:

3- Alinhamento interno

É o seguinte: inevitavelmente a marca acaba revelando e refletindo o que a empresa é no dia-a-dia. Ninguém consegue, por exemplo, manter por muito tempo a farsa de uma marca atraente, que oculta uma empresa com uma cultura organizacional mal resolvida.

Em outras palavras, e ao contrário do que muita gente pensa, o alicerce das marcas é construído da porta da rua da empresa para dentro. Uma empresa não pode jamais excluir seus funcionários da cadeia de transmissão de valores da marca. Sem eles, tudo o que acontece da porta da rua para fora não é sustentável. Infelizmente, contudo, em muitas empresas, as comunicações interna e externa freqüentemente não se encaixam.

Ações de comunicação têm o poder de mexer com as pessoas e de entusiasmá-las acerca de uma marca. Em alguns casos, esse comportamento se replica num efeito boca a boca muito poderoso e desejado pelas marcas e, por isso, é algo que exploraremos como tema do próximo capítulo. Na verdade, a palavra entusiasmo vem do grego e significa "ter Deus dentro de si".

Os gregos eram politeístas, ou seja, acreditavam em vários deuses. A pessoa entusiasmada, portanto, era aquela possuída por um dos deuses em particular e, por causa disso, poderia transformar a natureza e fazer coisas acontecerem. Assim, se você fosse entusiasmado por Ceres (deusa da agricultura) você seria capaz de fazer acontecer a melhor colheita.

Se fosse entusiasmado por Apolo, deus da beleza, provavelmente seria capaz de conquistar sua tão desejada amada, e assim por diante.

Em última instância, é exatamente esse o efeito buscado pelas marcas através das ações junto ao seu público-alvo, dentre elas as de comunicação: contagiá-lo positivamente com sua promessa central e visão de marca. Não apenas mobilizá-lo a adquirir seus produtos e serviços, mas transformá-lo em um verdadeiro embaixador da marca!

Entrando em Campo

4. Transformando insights em conceitos

5. Do conceito à comunicação eficaz

6. Gerando boca-a-boca sobre a marca

7. Os sinais da marca

8. Quando sinais de mais de uma marca estão juntos...

9. Marcas e inovação: tudo a ver

6. Gerando boca-a-boca sobre a marca

Entrando em Campo

Milhares de pessoas lutando por um ingresso da estréia daquele filme de que tanto se falou. 500.000 iPhones vendidos nos Estados Unidos apenas no primeiro final-de-semana de comercialização...

Alguém ainda duvida que o boca-a-boca funciona?

De acordo com a GFK NOP, um importante instituto de pesquisa internacional, 92% dos consumidores norte-americanos declararam, em 2005, que o boca-a-boca representa a melhor fonte de informação sobre novos produtos!

Essa eficácia do boca-a-boca não é um assunto novo, é claro. Já na década de 60, pesquisas mostravam que a comunicação boca a boca era sete vezes mais eficaz que anúncios em jornais e revistas e duas vezes mais eficaz que anúncios de rádio.

Hoje, no entanto, o boca-a-boca se tornou um tema especialmente relevante para todo profissional envolvido com a gestão de marcas.

Antes de qualquer coisa, vamos entender então por que o boca-a-boca é assim tão importante:

Seis motivos para o boca-a-boca ser, hoje, mais fundamental do que nunca para a construção de marcas

Motivo 1 – *Maior descrença em relação às organizações*

Pesquisas mostram que os consumidores estão cada vez mais descrentes em relação ao discurso de diversos tipos de organização, como o governo, partidos políticos e até as empresas. Nesse último caso, essa descrença se manifesta muitas vezes em reações negativas a mensagens da empresa, que tendem a ser vistas como tendenciosas: *"ah, eles só querem vender..."*.

Ponto para o boca-a-boca, pois, nesse caso, a pessoa que faz o discurso sobre a marca é tida como imparcial, já que geralmente não está ligada comercialmente à empresa que promove o produto e, portanto, não tem nada a ganhar com a transmissão da mensagem.

Além disso, a informação originada de veículos de comunicação de massa é quase sempre positiva em relação à marca. Assim, o fato de amigos fornecerem tanto informações positivas como negativas acaba contribuindo ainda mais para a confiabilidade do processo boca a boca.

Motivo 2 – *Congestionamento de mensagens*

Como a informação boca a boca tem fontes consideradas neutras, a mensagem é menos filtrada por mecanismos de percepção ou dispersão de atenção.

Em seu excelente livro sobre comunicação boca a boca, Emanuel Rosen afirma que o boca-a-boca faz com que a mensagem da marca se "destaque na multidão". Estima-se que uma pessoa que mora em uma grande cidade pode receber mais de 1500 diferentes mensagens publicitárias todos os dias. Nenhum consumidor tem tempo de escutar com atenção a cada uma dessas mensagens. Se ela for transmitida por um amigo, porém, a história muda.

Na verdade, a mensagem boca a boca é mais realista, vívida e acessível pela memória, tendo um maior impacto na decisão do consumidor. Isso acontece porque ela muitas vezes transmite uma experiência real de consumo, que pode ser narrada em todos os seus detalhes e construída especialmente para cada interlocutor. Quando positiva, a mensagem se torna quase uma revelação: "Aquela concessionária é fantástica. Você não imagina o que eles fazem...".

Motivo 3 – *Fortalecimento das tribos*

Família, amigos, colegas do trabalho. É enorme a pressão que todos sentimos para nos moldarmos às preferências dos nossos grupos sociais.

Não é à toa que diversos modelos que tentam prever o comportamento do consumidor se baseiam essencialmente em dois fatores: a conseqüência que o consumidor imagina para o seu ato e a opinião que ele acredita que seus grupos de referência terão sobre o mesmo.

Com a recente valorização das tribos como *locus* privilegiado de convívio social, a importância dos grupos de referência só aumentou. Há tribos tão variadas como a de "criadores de pombo" ou a de "colecionadores de latinhas de cerveja".

Um bom exemplo do impacto do boca-a-boca das tribos no comportamento individual foi apresentado em uma dissertação de Mestrado em Antropologia por uma colega de consultoria, Renata Lima. Ela escreveu sobre as tribos de praticantes de corrida que cada vez mais se expandem nas cidades brasileiras. Entre os corredores há dois tipos de tribos: a dos iniciantes e a dos corredores mais experientes. Renata observou que pessoas que almejam participar desses grupos invariavelmente respeitam um código de atitudes comuns e demonstram uma preferência pelas mesmas marcas de equipamentos esportivos.

Em última instância, quem não adota essas regras "informais", divulgadas em conversas entre os membros da tribo, pode acabar não sendo aceito em nenhum dos grupos, sendo visto como um "impostor" tanto pelos iniciantes como pelos mais experientes.

Motivo 4 – *Explosão das redes de comunicação*

Cada consumidor com acesso à Internet tem uma lista de endereços virtuais de algumas dezenas de pessoas, que por sua vez têm também acesso virtual a outras dezenas de colegas, o que torna possível que mensagens boca a boca, hoje, se propaguem com uma velocidade nunca vista.

Pense nos vídeos de sucesso do You Tube e você entenderá a dimensão deste fenômeno. Ou melhor, pense em 1 bilhão de pessoas no mundo compartilhando informações e opiniões por e-mails nos mais variados blogs que não param de crescer, ou nas infinitas comunidades virtuais. Enquanto você estava lendo essas frases, provavelmente um consumidor deixou sua opinião sobre um livro ou CD no site da Amazon... A Internet é, na verdade, um fantástico e complexo sistema de comunicação boca a boca.

Se você ainda não está convencido, aqui vai um último exemplo: um dos critérios de busca do Google é o PageRank, que classifica a qualidade e também a quantidade de links apontados para as páginas pesquisadas pelo site. Bom, mais links significam que a "comunidade Web" considerou aquela página importante. E essa importância significa que o Google indicará a página com mais destaque para todos os seus milhões de usuários. O que acontece então é que, quando muitas pessoas consideram uma página importante, o Google ajuda a espalhar essa opinião.

Motivo 5 – *Não importa só o que eu vi. Vale também o que disseram do que eu vi*

Os profissionais de marketing já entenderam: não faz mais sentido falar apenas de um fluxo de comunicação empresa-consumidor.

Mensagens da empresa são constantemente processadas, digeridas e transformadas em uma rede infinita de mensagens boca a boca entre consumidores. E esse boca-a-boca, por sua vez, afeta decisivamente a qualidade e velocidade com a qual a mensagem da empresa é compreendida e aceita.

A avaliação de um comercial feita por consumidores pode, isoladamente, ser completamente diferente da avaliação feita em grupo.

Motivo 6 – *A tal da grana*

Este é o último e fundamental motivo, de ordem absolutamente pragmática: empresas atuam em mercados cada vez mais competitivos, nos quais o orçamento disponível para investimentos publicitários só tende a diminuir.

Ponto para as ações de boca a boca criativas, que podem ter altíssimo impacto mesmo com uma verba consideravelmente menor se comparada com a das campanhas tradicionais.

Além disso, o boca-a-boca permite o alcance de uma maior lucratividade com cada cliente. Uma lucratividade maior do que aquela que teríamos mesmo tendo 100% da carteira do cliente, pois neste ponto há dois limites fundamentais: a necessidade de cada consumidor (afinal, quem precisa ter 13 carros Vectra na garagem?) e a disponibilidade de renda individual: "Sou apaixonado pelo Vectra, mas por enquanto vou ter que me contentar com um Pálio..."

O consumo individual é finito. O boca-a-boca não. Consumidores apaixonados pela marca jamais se cansam de falar bem dela.

Ações boca a boca

Empresas que já entenderam esse cenário estão desenvolvendo ações poderosas para aumentar a velocidade do boca-a-boca. O objetivo é dar mais munição para esses consumidores apaixonados.

Um caminho automático para estimular o boca-a-boca é premiar consumidores que recomendam a marca para seus amigos. Note, porém, que esse tipo de promoção não mantém o caráter de neutralidade das pessoas que se comunicam. Em muitas dessas promoções *friend-get-friend*, tudo que o "amigo" deseja ao indicar alguém é acumular mais pontos para ganhar aquela máquina fotográfica ou um pacote para Porto Seguro...

Uma ação boca a boca, claro, é sempre um estímulo planejado pela empresa. Mas o interessante é que estímulos bem-sucedidos normalmente não contrariam a natural "isenção" do processo boca-a-boca, respeitando as características das redes virtuais e das tribos influenciadoras.

Existem alguns tipos de ação boca a boca que atendem a esse princípio:

A- Buzz marketing

A expressão em inglês buzz tem origem naquele zumbido das abelhas.

Bzzz. Bzzzz. É impossível parar de falar, está todo mundo comentando... Uma ação de buzz tem alguns ingredientes fundamentais: ela realiza algo absolutamente inédito, de alto impacto e com uma enorme conexão com a visão da marca.

Um dos meus exemplos preferidos é do detergente Fairy que, em Lisboa, fechou uma conhecida ponte da cidade e lá montou a maior mesa de jantar do mundo, cujos lugares foram sorteados entre os consumidores inscritos na promoção. Dá para imaginar a cobertura da imprensa e o buchicho causado pelo recorde no Guiness. Estava lá a imagem da mesa no alto da ponte, a excitação das donas de casa que participaram do jantar... Um evento totalmente inédito e de alto impacto. E, no final, a surpresa que conecta tudo isso à marca: todos os talheres e pratos da maior mesa de jantar do mundo foram lavados com apenas uma embalagem de Fairy! Isso é que é mensagem de performance.

No Brasil, no final da década de 90, quem fez uma ação de buzz de muito sucesso foi o Yahoo, com seus táxis amarelos e roxos. Eram apenas 5 veículos, mas todo mundo já tinha visto ou andado em um. A conexão com a marca? O Yahoo, entre outras coisas, é um portal que o ajuda a achar o que você procura na Internet, a ir de um lugar para outro... como um táxi, não é?

B- Marketing viral

Toda ação de buzz pode ser obviamente amparada pela Internet. A marca Super Bonder, por exemplo, protagonizou uma ação de buzz em que um computador foi grudado, com poucas gotas da cola, em uma parede de um movimentado escritório. E permaneceu lá por mais de 120 dias, até um esbarrão derrubá-lo. Consumidores podiam acompanhar em um site, ao vivo, a curiosa saga do computador grudado na parede: como ele era olhado com estranhamento por alguns, como era motivo para risadas de outros... E, nesse mesmo site, os consumidores eram convidados a enviar um e-mail para seus amigos, com um texto sobre o acontecimento.

Ações de buzz e de marketing viral significam a mesma coisa para muita gente. Outros já acham que ações de marketing viral são aquelas como a de Super Bonder, que em algum momento se beneficiam da transmissão virtual da informação (ainda que hoje seja praticamente impossível imaginar qualquer tipo de ação boca a boca que prescinda do apoio da Internet).

Finalmente, alguns acreditam que ações de marketing viral mesmo, de verdade, são aquelas realizadas exclusivamente pela Internet, no ambiente virtual.

Um exemplo desse último caso foi o trabalho desenvolvido pela Procter & Gamble para seu produto Scope Mouthwash, um produto para a higienização bucal. A Procter & Gamble desenvolveu uma mensagem personalizada que permitia aos consumidores reproduzir "beijos virtuais" para seus amigos. Assim, ao mesmo tempo que a mensagem reforçava o conceito de marca da Scope, que era "fale tão perto quanto um beijo", existia um mecanismo que incentivava a difusão da mensagem pelo mundo virtual. De fato, a Procter & Gamble acompanhou as mensagens e confirmou que em pouco tempo existiam "beijos virtuais" circulando em todo o mundo!

C- Crie um canal de comunicação

O marketing viral faz sua empresa ser lembrada em milhares de interações virtuais entre pessoas por todo o mundo. Mas esse fenômeno também pode ser reproduzido fora da Internet, com ações de criação de canal.

Adoro o exemplo do restaurante Famiglia Mancini, de São Paulo. Depois de comer muito bem, o cliente é abordado pelo garçom que, após entregar alguns cartões postais simpáticos com imagens estilizadas da casa, sugere: "Se você quiser enviar um cartão para alguma pessoa, nós postamos e arcamos com os custos".

O resultado é que a Famiglia Mancini se tornou praticamente uma referência turística para uma típica noite italiana em São Paulo. Pessoas de todo o Brasil freqüentam diariamente a casa, e nada mais prático para um turista do que delegar a uma pessoa de confiança o envio de seus cartões postais. Claro que 99% dos textos escritos pelos clientes nos cartões começam assim: *"Jantei em um maravilhoso restaurante em São Paulo e lembrei de você..."*.

Marcas de produtos também realizam ações de criação de canal. Uma empresa farmacêutica que deseja divulgar um medicamento para dor de cabeça, por exemplo, pode convidar uma centena de médicos para uma palestra com um renomado expert em cefaléia. Cuida-se para que, desses médicos convidados, 50% já sejam usuários satisfeitos do produto e 50% ainda não. No final da palestra, promove-se um debate entre os participantes quando, naturalmente, os médicos usuários têm a chance de comentar os benefícios do medicamento para os não usuários. O raciocínio deste tipo de ação é sempre o mesmo: no dia-a-dia, esses médicos podem ou não se encontrar. E, nesses casos, o boca-a-boca sobre a marca pode ou não acontecer. Para que esperar e contar com a sorte?

D- Memes

Memes, termo originalmente cunhado pelo cientista Richard Dawkins, significa uma corruptela de genes. Estes, como sabemos, se propagam biologicamente, enquanto os memes se beneficiam de uma transmissão cultural.

No universo do marketing, Memes são imagens ou frases irresistíveis, que se propagam culturalmente em uma sociedade. É aquela frase que "pega", passando a ser usada no dia-a-dia pelos consumidores.

A cada vez que a frase é falada, reforça-se a mensagem central da marca. Um exemplo clássico é o "Não é uma Brastemp". Pense em quantas pessoas, objetos ou situações foram classificados em todo o Brasil como "isto não é tão bom, não é uma Brastemp". A cada vez que isso acontece, reforça-se a oposição binária da marca: Brastemp tem altíssima qualidade. Outras marcas não.

E- Influenciadores

Se uma marca está associada a materiais esportivos para a prática de tênis, não seria ótimo se os professores de Academia de tênis conhecessem, admirassem e adotassem seus produtos?

Imagine agora uma marca de barras energéticas. Não seria importante que ela fosse chancelada por nutricionistas, personal trainers ou até campeões de provas esportivas?

Como você já entendeu, a idéia aqui é tentar identificar se há, na categoria de negócios em que a marca atua, algum segmento de clientes capaz de influenciar decisivamente os demais por meio do boca-a-boca. Se esse segmento existe, a empresa pode fazer ações especiais e esforços extras para garantir que eles adotem a marca.

A abordagem de influenciadores depende do conhecimento da curva de adoção do produto ou serviço endossados pela marca. Estudiosos de marketing já identificaram que essa curva de adoção costuma crescer muito lentamente no início até que, atingida uma certa massa crítica de usuários, o consumo explode. Os consumidores não gostam de correr riscos com novidades. Eles preferem esperar que o produto se dissemine para ter a segurança de que seu uso é aceito socialmente e/ou confiável tecnicamente. Então, para que o produto ou serviço "percorra" a curva de adoção, o papel do executivo de marketing é identificar aqueles "primeiros" consumidores, que não apenas toleram novidades com mais facilidade como fazem dessa busca pelo novo o seu grande traço comportamental.

Normalmente, as primeiras pessoas a se interessarem pela novidade são aqueles consumidores genuinamente envolvidos com a prateleira mental na qual o produto se encaixa. Pense em consumidores apaixonados por carros. Ou tecnologia. Ou vodkas... Esses consumidores, que chamamos de "alfas", curtem uma determinada paixão e, seguindo uma busca de prazer pessoal, querem ser sempre os primeiros a adotar boas novidades naquela categoria de negócios.

Só que esses alfas não são, necessariamente, extrovertidos e comunicativos o suficiente para divulgarem o que acabaram de aprender sobre os produtos recém-lançados. A divulgação em si fica a cargo dos "betas", cujo perfil social entende o domínio da informação como uma espécie de status. Eles entram em contato com os alfas para se alimentarem de informações que depois disseminarão em seus círculos distintos de relacionamento. Moral da história: dê aos betas algo (produto, informação etc.) e faça-os pensar que são os únicos a terem ou saberem disso. O resto é com eles.

Exemplos de como toda essa dinâmica funciona na prática podem ser encontrados com muita facilidade em diversas indústrias: eletrônica, música, moda...

Vamos descrever, de modo muito simples, um exemplo da área de moda: imagine que um consumidor alfa viaja para a Europa e traz para o Brasil uma nova tendência, compartilhada com seus amigos "clubbers". Uma revista muito especializada detecta essa nova moda e a dissemina entre seus leitores antenados (um típico público beta). Nesse momento, um figurinista da Globo, em busca de inspiração para um personagem de novela, capta essa nova tendência e a leva para a telinha. Pronto, virou moda e o Brasil inteiro está usando.

Na prática, como utilizar esse conceito de alfas e betas em projetos de inovação e boca a boca?

De vários modos. Por exemplo: em um primeiro momento, podemos levantar com os alfas as tendências em determinado tema, bem como a maneira pela qual essas tendências podem se transformar em potenciais plataformas de insights e conceitos. A seguir, checamos este material com os betas. Estes, por serem socialmente "plugados", sabem dizer o que faz sentido e vale a pena ser considerado e o que, apesar de importante para os alfas, não serve para ser lançado e divulgado no boca-a-boca.

F- Informações privilegiadas

Um dos principais motivos para consumidores incluírem uma empresa em suas conversas é afirmar seu lugar e importância no mundo. Ações boca a boca podem se valer deste desejo de forma muito pertinente.

Um exemplo clássico foi a ação de boca a boca que colaborou para o sucesso do lançamento, nos Estados Unidos, do carro Saturn da GM, na década de 90. Antes do carro ser introduzido no mercado, a empresa identificou alguns milhares de consumidores com perfil de experts em automóveis. Eram pessoas que assinavam publicações especializadas na área e costumavam ser consultadas por seus amigos quando estes decidiam comprar ou mudar de carro.

Esses consumidores foram então convidados a visitar a fábrica da empresa, e conhecer o projeto do novo carro. A mensagem subliminar era *"Você entende muito de carro, é por isso que a GM quer ouvir a sua opinião"*. Acho que dá para imaginar que, depois dessa ação, o boca-a-boca fluiu com intensidade. Para cada um desses consumidores consultados, falar do Saturn passou a significar falar da sua reconhecida expertise em automóveis: *"Tenho informações exclusivas sobre o novo carro da GM. Visitei a fábrica e gostei muito desse au-*

tomóvel que vai ser lançado em breve..."

No Brasil, muitas marcas de alimentos trabalham com sucesso a dinâmica das informações privilegiadas através dos tradicionais cursos gratuitos de culinária que são promovidos em supermercados, clubes e associações por todo o país. Imagine um curso de culinária da marca Dona Benta, sobre bolos. Quantas oportunidades a empresa não tem de inocular mensagens com informações privilegiadas do tipo: "para o bolo ficar mais macio, há um segredinho que ninguém sabe...".

G- Narradores de histórias

Uma vez conheci uma profissional da loja de departamentos americana Nordstrom, que apresentava em seu cartão o seguinte cargo: "engenheira de histórias".

Essa pessoa tinha a função de mapear todas as oportunidades de contato entre a empresa e o cliente e planejar a inserção de potenciais "estímulos narrativos" em cada interação com o consumidor.

De forma menos organizada, um genial desenvolvedor de histórias era o saudoso Rolim, da TAM. Nunca conheci um executivo que não tivesse na ponta da língua pelo menos uma das famosas histórias de atendimento impecável do Comandante.

A maioria dos executivos acha que a principal justificativa financeira para a excelência em atendimento é a retenção de clientes. A razão maior, no entanto, deve ser desenvolver um exército de consumidores simpatizantes, que saem pelo mercado espalhando a boa nova sobre a empresa.

Uma boa história é algo inesperado. Algo que você mesmo acharia digno de ser comentado num almoço de família ou numa mesa de bar com amigos. Indo além dos momentos de interação com o consumio jogo das marcas

dor, uma boa história traz fatos inusitados, surpreendentes, algo realmente diferente que só a marca citada tem. Todo mundo adora contar boas histórias. Crie uma em que sua marca seja o ator principal.

Um bom exemplo é composto pelas maravilhosas histórias em torno da **cachaça Anísio Santiago**, a mais mítica do Brasil. Reza a tradição que em sua origem o próprio dono, Anísio Santiago, estava envolvido na fabricação e comercialização do produto e que pagava os funcionários não com dinheiro, mas com garrafas da própria cachaça. Claro que essa lenda rende muitas brincadeiras para uma conversa animada de bar: o pessoal começa a imaginar os funcionários cachaceiros, todo mundo trabalhando já de pileque... Até que alguém explica que a cachaça é tão boa e rara que os funcionários preferiam mesmo ser pagos com suas garrafas, já que poderiam alcançar um bom preço por elas no mercado. Um belo boca a boca para subsidiar a construção da marca de uma cachaça.

Já que falamos de cachaça, é interessante observar como bares e botecos de sucesso, de modo geral, se beneficiam do boca-a-boca em torno de alguma história poderosa. Só para citar um exemplo: na cidade de São Paulo, um boteco famoso é o Luiz Nozoie, no bairro da Saúde. Jamais esqueci da primeira vez que ouvi falar desse lugar: *"Lá a cerveja é imersa em uma solução líquida especial e gelada a 20 graus negativos, dentro de uma sorveteira antiga."* Todo mundo que visita a casa obrigatoriamente acaba conhecendo esse processo. Cervejas em uma sorveteira... puxa, é impossível não passar essa história adiante.

Por último, não se esqueça dos profissionais de RP. Eles são fundamentais para divulgar histórias em grande escala. Verdadeiras histórias com heróis, batalhas e vitórias épicas sobre como o McDonald's está ajudando na luta contra o câncer ou sobre a virada da Fiat no Brasil.

H- Exército caseiro

Como você já viu, o consumidor normalmente busca a opinião de um amigo que ele considera "expert" no produto ou serviço relacionado com a sua decisão de compra. Pesquisas mostram que quanto maior a expertise da pessoa que envia a mensagem, maior será a sua influência sobre quem a recebe.

A verdade é que, para o consumidor, todo funcionário de uma empresa é expert nos produtos que ela fabrica. Se você é um gerente financeiro da Claro, por exemplo, todos os seus amigos vão achar que você entende tudo de programação de celular. E a mesma coisa acontece com todo o exército de funcionários da empresa, do porteiro à moça do cafezinho.

Portanto, quanto mais os funcionários de uma empresa forem experts nos seus produtos, mais chances a empresa terá de atrair novos consumidores por meio da propaganda boca a boca. Ela só tem a ganhar, por exemplo, promovendo seminários internos, distribuindo newsletters e dando, assim, munição para que seus funcionários possam argumentar a seu favor no futuro. Um verdadeiro exército caseiro é algo que não deve ser desprezado.

Planejando o boca-a-boca

Você reparou que até agora não falamos do boca-a-boca negativo? Foi de propósito.

Em aulas e palestras, sempre faço um exercício. Peço para todos fecharem os olhos e me dizerem a primeira coisa que vem à cabeça sobre o tema boca-a-boca. Invariavelmente, o tópico campeão é a virulência do boca-a-boca negativo: como ele pode destruir qualquer marca e como o consumidor fala de uma notícia ruim para 14 outras pessoas, mas de uma notícia boa para apenas 3...

Por um lado, essa relevância conferida ao boca-a-boca negativo faz todo sentido. De fato, o esforço de monitoramento de mensagens deve ser constante e a ação em torno delas, rápida e efetiva.

Por outro lado, sinto que esse foco no boca-a-boca negativo reflete simplesmente uma desatenção de grande parte dos executivos para a realização de iniciativas planejadas de boca-a-boca positivo. "Boca-a-boca? Ah, a gente fica muito atento para que ninguém saia falando mal da nossa marca...". É então que replico: *Tudo bem, ótimo, mas quantos planos de boca-a-boca positivo você já escreveu na sua vida?"*
A comunicação boca a boca não pode ser deixada ao acaso. Se os executivos de marketing desenvolvem planos de propaganda, por que não desenvolver também planos de comunicação boca a boca? Um plano que contenha índices de resultados e desempenho, por meio

da investigação de quanto e quão favoráveis são os comentários dos clientes atuais sobre a empresa.

Para o desenvolvimento desse plano é fundamental pesquisar e entender o que os consumidores falam sobre a empresa para outros consumidores. Essa é uma nova modalidade de pesquisa. Nas pesquisas tradicionais, o consumidor fala com um entrevistador. Para pesquisar a comunicação boca a boca, o foco deve estar nas próprias conversas entre os consumidores.

Para pesquisar o boca-a-boca que acontece na Internet, já existem até softwares capazes de identificar os momentos em que uma determinada marca é mencionada em chats. De qualquer forma, mesmo

Tudo isso deve ser feito, é claro, com cuidado. **A Coca-Cola**, por exemplo, identificou em 2006 que um dos hits no You Tube eram vídeos que mostravam jovens colocando uma pastilha de Mentos dentro da garrafa de Coca-Cola, para que a bebida subisse imediatamente como um chafariz, parecendo uma fonte.

Ao invés de se opor ou mostrar-se descontente com a popularidade dos vídeos, a Coca-Cola aproveitou a visibilidade obtida para gerar tráfego nos sites da marca. Em outras palavras, houve um esforço de comunicação dirigida para o target a fim de levar a marca aos

consumidores que já estavam on line, através da compra de banners. E houve também a participação da Coca-Cola em sites de terceiros, falando desses vídeos de modo autêntico e humilde, dando mais atenção ao bom trabalho dos realizadores do vídeo do que ao papel da marca no mesmo. A proposta, em resumo, era celebrar a criatividade do grupo que criou os vídeos, o Eepy Bird, e daqueles que fizeram suas versões caseiras como um exemplo do lado "Coca-Cola da Vida".

No final das contas, a ação se tornou uma promoção global, ativada através de um lançamento simultâneo em inglês no Google Video e em oito línguas no site www.cocacola.com. A proposta do desafio era celebrar a criatividade, a liberdade de expressão e os artistas amadores mundo afora, reforçando a mensagem do lado Coca-Cola da Vida. O apoio à iniciativa da Eepy Bird e o fato de se associar com a produtora demonstram a posição da empresa em relação ao conteúdo on line: humildade, participação, capacidade de aprender com todo mundo e de se divertir ao celebrar a criatividade. Qualidades fundamentais para a construção de um boca-a-boca positivo.

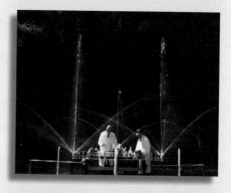

sem a utilização desse software, as empresas podem e devem ficar atentas ao boca-a-boca virtual para tirar proveito de oportunidades de comunicação.

Fora do ambiente da Internet, também é possível criar modelos de pesquisa de boca a boca em que profissionais da área de marketing de uma empresa assistem, ao vivo, consumidores conversando entre si. Basta reunir numa sala, por exemplo, consumidores que adotam a marca da empresa e outros que não o fazem, com a seguinte instrução: "Discutam se X é ou não a melhor marca de..." Por meio de alguns outros cuidados especiais, é replicada desta forma a expansão das mensagens boca a boca que ocorre no dia-a-dia. Quando é identificado o momento em que os simpatizantes da marca ficam sem argumentos para convencer os não–usuários, a empresa percebe que deve intervir no mercado, ajudando os apaixonados pela marca a falar mais e melhor sobre ela.

Entrando em Campo

4. Transformando insights em conceitos

5. Do conceito à comunicação eficaz

6. Gerando boca-a-boca sobre a marca

7. Os sinais da marca

8. Quando sinais de mais de uma marca estão juntos...

9. Marcas e inovação: tudo a ver

7. Os sinais da marca

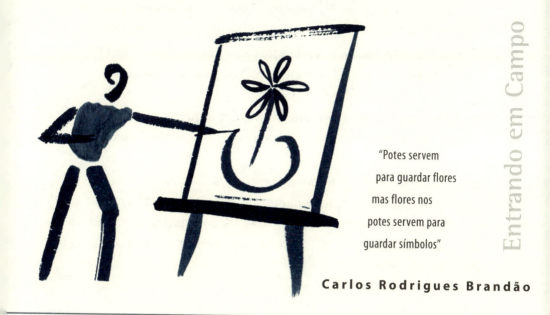

"Potes servem para guardar flores mas flores nos potes servem para guardar símbolos"

Carlos Rodrigues Brandão

Estou em um elevador lotado, saindo do trabalho com pressa. Impaciente, já me posiciono na frente da porta. Enquanto aguardo uma longa descida até o térreo, penso em todas as providências que o dia ainda exige.

Justamente neste momento, ouço a seguinte frase: "Puxa, dois estômagos e um pulmão, estou morto".

Dois estômagos e um pulmão... pelos meus escassos conhecimentos de anatomia humana, dificilmente um ser humano assim ainda estaria vivo...

A curiosidade se torna maior do que a pressa e olho para os fundos do elevador.

Eram dois rapazes conversando. Ambos usavam um longo avental branco, em que estava inscrito o nome de um hospital.

Esses **sinais**, o avental branco e o nome do hospital, são **essenciais** para que eu imediatamente entenda tudo. Claro, entendi que eles são médicos. E um médico fala às vezes desse jeito meio elíptico, portanto ele só estava dizendo que havia realizado duas cirurgias de estômago e uma de pulmão. E que, portanto, estava "morto" de cansado.

Esse rápido episódio me ajudou a entender o que são sinais de marca: eles são, simplesmente, todos os elementos que identificam a marca.

Os mais clássicos são o nome da marca e a sua apresentação visual, conjunto a que se costuma chamar de logomarca. Há também cores específicas, quase sempre trabalhadas na logomarca, que se tornam sinais de identificação. Ou, ainda, um personagem especialmente criado para a marca.

Todos esses sinais de identificação têm uma existência continuada, numa dimensão mais ou menos perene. O nome da marca pode eventualmente mudar, mas nunca com muita freqüência.

Além disso, sinais de identificação têm uma grande força representacional. Se você mostrar a um consumidor apenas um pedacinho de um sinal de identificação de uma marca forte, ele automaticamente a reconhecerá. Faça o teste tentando adivinhar de que logomarcas vieram as letras abaixo.

No nosso modelo de visão de marca, são essas características de *perenidade e força representacional que distinguem os sinais dos atributos e ações.*

O preço, atributo de produto, também é, em última instância, um aspecto que sinaliza o que a marca é e pretende ser. Todo atributo de produto, serviço ou ação da empresa funciona também como um sinal. Mas preço é um tipo de sinal que normalmente pode ser modificado com muito mais mobilidade que um verdadeiro sinal de identificação de marca. Se mostrarmos para o consumidor o preço R$ 3,50, afinal, ele jamais será capaz de identificar instantaneamente de que marca estamos falando.

Você pode então perguntar: um atributo ou ação nunca pode ser um sinal de identificação?

Pode. E isto acontece com muita freqüência, de forma planejada ou casual. A embalagem, por exemplo, como atributo de produto, tem uma série de objetivos funcionais: proteção, manutenção das características desse produto etc. Já como ação de comunicação, a embalagem busca causar impacto no consumidor e transmitir determinadas mensagens, mas não é só: um design específico de embalagem, que se consolida na mente do consumidor ao longo do tempo, também pode transformar-se – *voilá!* – num sinal de identificação da marca. E neste caso, o gestor de marca deve estar atento para não provocar mudanças impensadas e abruptas nesses sinais.

Não estou querendo dizer, com isso, que sinais são mais importantes que atributos ou vice-versa. A questão é que eles valem ouro quando funcionam como "gatilhos" que desencadeiam, na mente do consumidor, a explosão de todas as percepções positivas construídas para a marca. Pense quanto uma empresa gastaria se tivesse que começar a sua apresentação do zero a cada interação com o consumidor... Não é ótimo poder mostrar apenas um sinal para que a personalidade, os benefícios e a promessa central da marca sejam novamente lembrados?

Há centenas de livros dedicados aos sinais de marca. Seu desenvolvimento se tornou uma área de atuação profissional extremamente sofisticada que gira em torno do mundo fascinante da semiologia, ciência que estuda os sinais. Longe de mim competir com este universo. O que vem a seguir é apenas uma introdução ao tema e um aperitivo para novos estudos.

Quem é você?

Para responder a essa pergunta, pensamos imediatamente em nomes. Com as marcas não é diferente. Inclusive hoje já existem, no Brasil, agências especializadas na criação de nomes para novas marcas.

O que você acha? Vale a pena investir tempo e dinheiro na escolha do nome da marca? Ou, uma pergunta ainda mais importante: há critérios claros que definem o que é um bom nome?

Muita gente acha que não. O argumento dessas pessoas é o de que o importante mesmo são as percepções da marca, pois são elas que conferem aspectos positivos ou negativos a qualquer nome. Nessa linha de raciocínio, os nomes funcionam apenas como recipientes vazios, que serão preenchidos por tudo o que a marca construirá em sua existência.

No extremo oposto, há quem confira um poder quase mágico ao nome, poder supostamente capaz de determinar o sucesso ou fracasso da marca. Esta é uma visão quase mística, que freqüentemente me faz lembrar um conto chamado "A escrita de Deus", de Jorge Luis Borges:

"...era uma das tradições do Deus. Este, prevendo que no fim dos tempos ocorreriam muitas desventuras e ruínas, escreveu no primeiro dia da Criação uma sentença mágica, capaz de conjurar esses males. Escreveu-a de maneira que chegasse às mais distantes gerações e que não tocasse o azar. Ninguém sabe em que ponto a escreveu nem com que caracteres, mas consta-nos que perdura, secreta, e que um eleito a lerá."

"Nomes não são importantes" versus "nomes são quase mágicos".

Acredito que a verdade está no meio do caminho entre essas duas opiniões, que mais parecem uma das nossas oposições binárias.

O fato é que o nome da marca, sem dúvida, não ganha o jogo sozinho. Aliás, é comum as empresas ficarem meses procurando uma nova marca, sempre insatisfeitas por acharem que o concorrente, já estabelecido no mercado, tem um nome mais forte. Esta é uma briga inútil, pois é claro que um nome de uma marca já existente se alimenta de todas as percepções que esta marca já construiu.

O que não significa, é claro, que a escolha do novo nome seja uma tarefa dispensável porque fadada ao fracasso. Pelo contrário, bons nomes podem, sim, ajudar na vitória. E isso acontece quando eles percorrem algum dos cinco caminhos:

1. Associação de percepções

Neste caminho, o nome toma emprestadas algumas associações que o target da marca já faz em relação a uma determinada palavra.

É o caso da companhia aérea GOL. Gol lembra futebol, um esporte de dimensão popular no Brasil. Exatamente o que a empresa GOL pretende ser. Gol é o objetivo maior do jogo, gol é o que conta no final, não importa se de carrinho ou em uma jogada plástica e elegante.

Perfeito para uma companhia aérea que promete transportar seus passageiros de forma eficaz, mas sem frescuras. Finalmente, a palavra gol lembra vitória, uma ótima associação para quem deseja sentir que economizou, que "se deu bem", que ganhou com a nova proposta da empresa.

Outro exemplo é o nome Apple, maçã em inglês. Maçã lembra tentação, algo que a ilustração da maçã mordida na logomarca da empresa reforça. E tentação lembra a atração e o prazer estético que os computadores da empresa transmitem. Além disso, maçã é uma fruta gostosa mas simples, próxima do nosso dia-a-dia e fácil de morder. Como as novas interfaces criadas pela Apple.

Não é obrigatório, é claro, trabalhar com palavras que já existem. Podemos alterar a grafia original de uma palavra. Podemos ainda trabalhar com pedaços de uma palavra, ou até combinar pedaços de palavras diferentes. Exemplos de cada um desses casos não faltam: Nutry, Bombril, Lacta...

2. Conexão fonética com elementos da visão planejada para a marca

Utilizando ou não o caminho anterior, um nome de marca deve estar atento também para trabalhar conexões fonéticas com elementos da visão criada para a marca.

Que benefícios a marca pretende oferecer? Que personalidade ela deseja ter? Jovial e aventureira? Ou madura e conservadora? Masculina ou feminina?

O som de um nome, de forma independente do seu significado, ajuda a transmitir esses elementos. No excelente livro *Thinkertoys*, de Michael Michalko, é proposta uma provocação interessante. O autor menciona dois nomes sem qualquer significado, "Tekate" e "Maluma", e explora com o leitor como estes nomes seriam representados em desenhos. A conclusão é que o nome "Tekate" pede um desenho com traços retos e formas angulares, pois transmite uma personalidade masculina. Enquanto isso, "Maluma" evoca figuras arredondadas e suaves, sugerindo uma alma mais feminina.

A adoção de um nome artístico por celebridades, por exemplo, também passa pelo raciocínio da conexão fonética. Imagine se o ator John Wayne, famoso pela sua atitude viril e corajosa, pelos diálogos secos e diretos, utilizasse o seu verdadeiro nome, Marion Morrison.

Não sei se você concorda, mas é difícil imaginar Marion Morrison estabelecendo a lei e a ordem em uma cidade do Velho Oeste Americano... Nomes, sem dúvida, têm personalidade.

Vanessa Pasquini, profissional especializada em desenvolver nomes para marcas, dá o exemplo da marca da academia de ginástica RUNNER:

"A letra R inicial é um arranque. Já NN denota elasticidade, pelo molejo da consoante N. Finalmente, ER é a clássica partícula de movimento. O R que inicia e termina o nome cria um sentimento cíclico, de retornar ao começo para que se obtenha e realce novamente o mesmo efeito. Arranque, elasticidade, movimento, repetição: nada mal para uma Academia. Além disso, duplo NN no meio do nome faz com que o seu formato seja alongado, o que de certa forma transparece emagrecimento".

Claro que grande parte das conexões descritas acima são feitas por cada um de nós de forma inconsciente. Mas isso não significa que as conexões não estejam lá!

Todos sentimos por exemplo que o nome ZAP, do sistema on-line de classificados do grupo O Estado de São Paulo, transmite rapidez e agilidade. ZAP. Veloz. ZAP. Imediato.

É como uma vez escreveu o escritor Luis Fernando Veríssimo, que em várias das suas crônicas genialmente brinca com as personalidades distintas transmitidas por diferentes palavras:

"Certas palavras nos dão a impressão de que voam ao sair da boca. 'Sílfide', por exemplo. É dizer 'Sílfide' e ver suas evoluções no ar, como uma borboleta. Não tem nada a ver com o que a palavra significa. 'Sílfide', eu sei, é o feminino de 'Silfo', o espírito do ar, e quer mesmo dizer uma coisa leve, diáfana, borboleteante. Mas experimente dizer 'Silfo'... Não voou, certo? Ao contrário de sua mulher, 'Silfo' não voa."

3. Efeito *"gostoso de falar"*

Nesse caminho, esquecemos um pouco percepções que queremos transmitir sobre a marca, via associações de palavras ou conexões fonéticas, e nos perguntamos, simplesmente: para o consumidor, esse nome é gostoso de falar?

Uma boa dica é repetir sons, criando aliterações. Exemplos:
Volvo, OMO...

Nomes simples e curtos normalmente são mais gostosos de falar, mas neste jogo não há regras. Dunkin´Donuts é longo, mas tem uma aliteração que enche a boca. Twix não faz o jogo da aliteração, mas é curto e irresistível.

4. Criação da lenda

Já reparou como muita gente gosta de aprender a raiz etimológica do seu nome? É com prazer e indisfarçável orgulho que elas contam para os amigos algo como "Meu nome tem origem latina, vem da palavra coragem..."

Da mesma forma, um bom nome de marca pode ajudá-la a contar sua própria história. E mesmo que essa história não seja narrada para os consumidores, ela pode ser importante para motivar a equipe da empresa.

Um exemplo muito bom é o da marca Nike, nome da deusa grega da vitória. Uma deusa sempre presente e reverenciada nas Olimpíadas.

Utilizar o nome do fundador também pode fazer parte do caminho de associação de percepções ao trazer sentimentos importantes de confiança e credibilidade. Afinal, só colocamos o nosso próprio nome em algo que realmente endossamos. O nome do fundador segue ainda o caminho da criação da lenda, pois remete aos valores originais e à história empreendedora de quem fez a empresa nascer. Sempre que alguém me conta a história da origem de uma marca, aliás, há um quê de segredo no ar: "Você sabia que Bluetooth é a tradução em inglês do nome de um rei dinarmaquês que no século X unificou reinos da Escandinávia? Pois é exatamente essa unificação, agora de aparelhos eletrônicos que anteriormente não se comunicavam, que a tecnologia Bluetooth visa". A lenda sobre a fundação da marca, ancorada em um significado oculto do seu nome, tem realmente um potencial fantástico para alimentar interações boca a boca.

5. Diferenciação

Há marcas que querem traiçoeiramente mimetizar uma marca líder – que tal SuperGonder no lugar de SuperBonder?

No entanto, para marcas sérias, há uma última e fundamental orientação para a criação de nomes: eles têm que ajudar a distinguir a marca de seus concorrentes.

O nome da marca deve ajudar a mostrar para o consumidor que uma nova marca chegou, que ela parece ser diferente do que ele conhece e que, por isso mesmo, merece a sua atenção.

Há uma série de exemplos fantásticos: H2OH!, Yahoo... Faça a sua lista.

Sergio Guardado, sócio da Seragini Design, me conta o seguinte episódio que fala sobre a diferenciação: O poeta Mário de Andrade enviou os manuscritos da sua obra, *Paulicéia Desvairada*, para o já consagrado Manuel Bandeira. Comentário de Bandeira, após a leitura:

"O livro é ruim, mas é um ruim esquisito." Moral da história: o que é esquisito também tem seu mérito, que é o de tirar o interlocutor de sua zona de conforto.

Esses cinco caminhos não são regras rígidas, é claro, e podem ser quebradas.

No entanto, é interessante observar como alguns nomes de marca se beneficiam não de um, ou de dois, mas de todos os cinco caminhos que discutimos. Veja a marca de cosméticos Natura, como exemplo:

1. Associações perceptuais: produtos com ingredientes naturais, que respeitam a natureza.

2. Conexões fonéticas: suavidade, leveza, simplicidade.

3. Efeito "gostoso de falar": nome curto e direto.

4. Criação da lenda: "Você sabia que desde a sua fundação a Natura era uma empresa que acreditava não só em cosméticos, mas também em relações verdadeiras e naturais?"

5. Diferenciação: Outros cosméticos muitas vezes usam nomes de laboratórios internacionais.

Outro caminho, este mais polêmico, é a utilização de um nome de marca que é exatamente o nome da categoria de negócios na qual a empresa irá atuar.

Pense, por exemplo, em uma empresa hipotética da área de programação computacional com a marca "Softwares Design". Um nome de marca como esse, que é a tradução literal de uma categoria, parece interessante no início da evolução do mercado. Ele é didático, explica o que a empresa faz, e, acima de tudo, confere autoridade à empresa nessa nova área de negócios. O problema costuma vir depois, pois esse nome genérico tende a se tornar parecido ao de concorrentes que inevitavelmente vão surgindo, como Software Solutions, Info Design... Que confusão na cabeça dos clientes, não é?

Além disso, um nome de marca preso a uma categoria específica de negócios pode amarrar movimentos futuros de expansão da empresa. E se a Software Design desejar entrar no mercado de manutenção de hardware, por exemplo? Ela não vai ter outra saída a não ser transformar gradualmente seu nome em uma sigla, como SD, e torcer para que seu significado original se perca no tempo. Alguém aí ainda lembra que a IBM, originalmente, quando ainda não havia computadores pessoais, era Industrial Business Machines?

Finalmente, já que falamos de expansão, na escolha do nome é importante considerar também a possibilidade de a marca estar presente em diferentes países no futuro. Um bom exemplo é a marca Kodak, cujo nome é fácil de ser pronunciado em qualquer língua. Outro é a

Fanta, nome inspirado na palavra fantástica, que é falada de modo similar em muitos países com raízes indo-européias.

Infelizmente, a literatura de marketing está repleta de casos em que nomes muito bem-sucedidos em uma determinada cultura simplesmente naufragam em outra, ao desrespeitar associações perceptuais ou fonéticas básicas. Exemplo clássico é o nome da marca de refrigerante "Josta", de muito sucesso no mercado americano na década de 90, mas que suscitou comentários inevitavelmente irônicos quando testado no Brasil...

Logomarca: dando mais vida ao nome

Imagine se o nome da marca de amaciantes Fofo, da Unilever, que hoje é escrita assim...

passasse a ser reproduzida desta forma:

Não dá para comparar, é claro. A primeira opção gráfica transmite muito mais a certeza de que sua roupa ficará realmente macia e gostosa.

Desenvolver um nome não basta, é essencial planejar como esse nome será apresentado visualmente. Há hoje um enorme leque de opções de tipos de letra: compactadas ou expandidas, com ou sem serifa, de diferentes espessuras de caracteres, com um maior ou menor espaçamento etc. Isso sem falar na possibilidade da criação de um novo tipo de letra para a marca.

É claro que o jogo não acaba aqui. Criar desenhos ou ilustrações também é um recurso útil para confirmar as associações perceptuais que se pretende invocar com o nome e trazer uma diferenciação ainda maior para todo o conjunto. É o caso do amaciante Fofo, cujo desenho do ursinho reforça uma promessa de "maciez carinhosa" e é uma presença constante em todas as embalagens do produto.

Às vezes, os elementos de uma logomarca ficam tão estabelecidos em nossa mente que é difícil isolar e apreciar o efeito de cada elemento. Veja o exemplo desta empresa norte-americana de consultoria:

Um dos significados de "jumpstart" é ajudar uma atividade a se tornar bem-sucedida. Em uma tradução mais livre: alavancar, impulsionar. Um belo nome para uma organização que assessora outras empresas. A ilustração, por sua vez, não deixa por menos. Repare como os desenhos dos círculos vão aumentando de tamanho e estabelecem um movimento ascendente. É uma solução simples, mas poderosa porque estabelece um conjunto de elementos visuais imediatamente reconhecível. Um conjunto que é criativo e elegante e, ao mesmo tempo, facilmente reproduzível nas diversas aplicações da logomarca: site, papelaria da empresa etc.

Entrando em campo

Agora, pensando em logomarcas extremamente conhecidas, um exemplo admirável é a da TV Globo.

A ilustração é um reflexo exato da promessa de um olhar atento ao que acontece no mundo, de uma comunicação constante e direta com o telespectador.

Gosto também desse exemplo porque a TV Globo talvez tenha sido uma das primeiras empresas a entender que a logomarca não deve ser um símbolo estático, mas sim ganhar vida através de movimento e som quando presente em outros meios como TV e Internet. De certa forma, o "plim-plim" da Globo é precursor de logomarcas que ganharam som, como a da Intel com suas quatro notas musicais, ou de modernos avatares, como o bonequinho da Vivo. A palavra avatar, aliás, é de origem hindu e quer dizer "manifestação corporal de um ser imortal". Tudo o que uma logomarca precisa ser.

De todos os elementos visuais, talvez o mais importante de uma logomarca seja a cor. É incrível como as cores têm o poder de definir exatamente uma marca e delimitar o seu território: Lipton é amarelo, American Express é verde, Coca-Cola é vermelha, Pepsi é azul...

A palheta de cores também é muito bem definida entre as marcas de cerveja Antarctica, Brahma e Skol, todas da Ambev. Repare: a Antarctica é azul, que lembra o ambiente fechado e acolhedor dos bares e a tradição associada aos mais famosos botecos; já a Brahma é vermelha e associada à empolgação, vibração e explosão das grandes festas; a Skol é amarela, que transmite energia e é perfeita tanto para a praia e dias ao ar livre no sol como para eventos caracteristicamente jovens e intensos, ainda que noturnos, como o Skol Beats.

Veja bem que o amarelo da Skol, por exemplo, não está presente apenas na logomarca. Há um desdobramento desse código visual para todas as manifestações da marca. É como se um comercial da Skol na TV fosse um fantástico e gigantesco sinal amarelo, pulsando o dinamismo, a ação e a impulsividade associados a essa cor no Brasil.

No Brasil, bem lembrado. Porque o significado geral de uma cor em uma determinada comunidade parece ser produto da absoluta interdependência de pelo menos três fatores:

1. Um fator cultural, ligado a costumes e tradições. Nas culturas ocidentais, por exemplo, branco é a cor da pureza, enquanto nas culturas asiáticas ela é vista como a cor da morte. É interessante como as visões de mundo de uma comunidade ou cultura são muitas vezes ilustradas por frases do dia-a-dia, como "fulano tem sangue azul" (o azul como nobreza, tradição) ou "ela acha que o mundo é cor-de-rosa" (o rosa como ingenuidade, visão infantil).

2. Um fator de ordem físico/psicológica. Pesquisas como a de J. Bamz, por exemplo, comprovam que há uma cor preferida para cada idade.

Ou seja, há uma relação entre cor e a evolução física e mental de cada indíviduo. De acordo com essa pesquisa, o vermelho corresponderia ao período de 1 a 10 anos, a idade da efervescência e da espontaneidade. E o roxo seria a cor preferida dos mais de 60 anos, idade do saber, da experiência e da benevolência. Outros raciocínios são aqueles que dividem as cores em classificações diversas como "quentes versus frias", "excitantes versus calmantes"...O amarelo canário, por exemplo, é uma cor considerada excitante em função da sua alta luminosidade, e é adequada para marcas que querem se associar a esse tipo de percepção.

3. Um fator associativo. Cores são também percebidas em função de objetos que elas lembram. Vermelho lembra sangue, rosa lembra a flor etc.

O papel dos personagens

Personagens cumprem duas funções muito importantes: eles ajudam a comunicar os elementos de visão da marca (atributos, benefícios, personalidade, promessa...) e também podem ser um instrumento poderoso para estabelecer um elo de relacionamento mais atraente e forte com o consumidor.

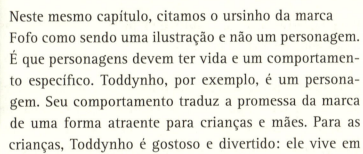

Neste mesmo capítulo, citamos o ursinho da marca Fofo como sendo uma ilustração e não um personagem. É que personagens devem ter vida e um comportamento específico. Toddynho, por exemplo, é um personagem. Seu comportamento traduz a promessa da marca de uma forma atraente para crianças e mães. Para as crianças, Toddynho é gostoso e divertido: ele vive em um mundo de coisas gostosas, participa de aventuras e navega em um rio de chocolate. Para as mães, Toddynho "faz bem": o personagem tem uma postura sempre amiga e companheira, como a de um irmão mais velho.

Repare como personagens bem-sucedidos são capazes de traduzir de forma atraente suas promessas específicas de marca. Tony, o tigre da marca Kellog de sucrilhos, se comporta como um treinador e um persistente incentivador do desenvolvimento da criança, algo perfeito para a promessa da marca de energia e disposição. Já o personagem Chester Cheetos, de forma coerente com a marca de salgadinho infantil que ele representa, retrata com o seu comportamento um caminho completamente diferente: o da paixão impulsiva e irresistível por queijo e o prazer de ser criança.

Os exemplos anteriores são todos do segmento infantil mas há, naturalmente, centenas de personagens adultos: o baixinho da Kaiser, o "rapaz" da Bombril...e a dinâmica é sempre a mesma: um bom personagem ajuda a comunicar o que a marca é e cria um vínculo atraente de relacionamento com o consumidor.

Atributos e ações que originam sinais

No início deste capítulo, chamei a atenção para o fato de que a embalagem, misto de atributo de produto e ação de comunicação, pode se tornar um sinal.

Para encerrá-lo, então, aproveito para citar outros casos de sinais originados de atributos e ações.

Um desses casos é representado por determinadas músicas ou jingles, que fazem parte das ações de comunicação e, mais que uma trilha eventual, se tornam com o tempo um sinal indelével da marca. "Maguary, maguary é o suco", por exemplo. Tenho certeza que, se você tem mais de 30 anos, gravou essa musiquinha na sua cabeça.

Certas expressões ou palavras podem percorrer o mesmo caminho. Se eu digo "1001 utilidades", não é óbvio de que marca estou falando?

Note bem como é interessante esse jogo de conquistar um certo vocabulário para o universo particular da marca. 1001 utilidades é uma tradução perfeita de versatilidade e praticidade, especialmente importante para a visão da marca Bombril.

A percepção humana é, predominantemente, visual e auditiva. Se fôssemos cachorros, nossas logomarcas seriam provavelmente um concentrado de odores. No entanto, mesmo para nós, cheiros e gostos também podem ser sinais quando transformados em representações inequívocas de elementos da visão da marca. Sissel Tolaas, a expert internacional em odores que trabalha para a IFF, um gigante mundial do mundo das fragrâncias, catalogou mais de 6.700 cheiros diferentes e já está desenvolvendo projetos para associar odores específicos a marcas como Ikea e Volvo.

Finalmente, é possível argumentar, talvez de forma polêmica, que determinadas cenas veiculadas em ações de comunicação também podem se tornar sinais de marca. Meu exemplo preferido é a cena de "mergulhar na água", junto com a expressão "aah!", que automaticamente era associada ao creme dental Kollynos, marca que durante muito tempo liderou o mercado brasileiro com a promessa de um hálito refrescante. Interessante que, mesmo não estando no mercado desde 1997, a marca continou a ser, até 2003, a mais lembrada por consumidores em pesquisas Top of Mind.

Sinais poderosos e marcas fortes. A combinação é invencível.

Entrando em Campo

4. Transformando insights em conceitos

5. Do conceito à comunicação eficaz

6. Gerando boca-a-boca sobre a marca

7. Os sinais da marca

**8. Quando sinais de mais de uma
marca estão juntos...**

9. Marcas e inovação: tudo a ver

8. Quando sinais de mais de uma marca estão juntos...

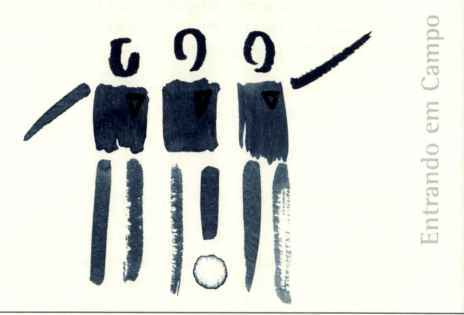

Entrando em Campo

No capítulo anterior, falei sobre a construção e gerenciamento dos sinais de uma marca. Mas e quando sinais de mais de uma marca são apresentados ao mesmo tempo?

Quando isto acontece?

Quando é formada, por exemplo, o que chamamos de **parceria** entre marcas. De certa forma, o que a parceria comunica ao consumidor é uma relação de amizade entre duas ou mais marcas, que se unem para proporcionar uma determinada oferta conjunta. Um exemplo: a linha de automóveis "Renault Boticário", exclusiva para mulheres, lançada em 2002.

Uma outra situação é apresentada normalmente pelo termo **arquitetura de marca**. Se a parceria pode ser comparada a uma relação de amizade, podemos considerar que a arquitetura de marca diz respeito à organização de uma família. Pense, por exemplo, na marca Volkswagen, "mãe" de uma série de outras marcas como Gol ou Audi. O trabalho de arquitetura estipula como será estruturada e comunicada a relação entre a mãe e esses filhos. Nesse caso específico, decidiu-se que a marca Volkswagen aparecerá ao lado da marca Gol e que Audi será uma marca que não contará com a assinatura Volkswagen.

Agora vamos entender que critérios norteiam a busca de parcerias ou explicam determinadas decisões de arquitetura.

Falando de parcerias

Há cerca de 2.500 anos, o famoso historiador Heródoto falou assombrado sobre o temível crocodilo do Nilo e também, com uma dose considerável de surpresa, sobre o único animal aparentemente respeitado pelo grande réptil: um pequeno pássaro, capaz de passar longos intervalos de tempo dentro da boca aberta do crocodilo, sem ser incomodado. O que atraiu a atenção de Heródoto é hoje visto como ilustração de um fato corriqueiro, que é a parceria entre animais.

Neste caso específico, a ave oferece uma verdadeira limpeza dental gratuita, enquanto simultaneamente se alimenta de restos de comida. Sem dúvida, os dois saem ganhando.

Grosso modo, a lógica básica que sustenta parcerias entre marcas é a mesma daquela observada na natureza, ainda que com uma diferença importante. Deve haver um fluxo de vantagens nas duas direções, é claro. Mas, além de eventuais vantagens de ordem tangível (acesso a canais de distribuição, por exemplo), o essencial é a troca de benefícios de ordem perceptual.

Um exemplo é o biscoito ao leite da marca "Passatempo", que é feito com o leite da marca "Ninho".

Nessa parceria, é como se "Ninho" emprestasse autoridade em nutrição para Passatempo e, em troca, recebesse uma carga emocional vinda de associações com diversão e alegria, típicas da marca Passatempo. O resultado é que o conteúdo simbólico somado das duas marcas torna o produto mais atraente.

Interessante notar que neste exemplo as duas marcas pertencem à mesma empresa, a Nestlé. Mas as parcerias podem ocorrer também entre marcas de empresas diferentes.

Gosto muito do exemplo da IntelliClean, lançada no mercado norte-americano em 2006. Trata-se de uma escova de dente elétrica desenvolvida pela Philips, capaz de "injetar" pasta de dente entre os dentes, proporcionando uma limpeza mais eficaz. Para esse lançamento, a Philips fez uma parceria com a Crest, líder no Estados Unidos em creme dental, que desenvolveu um produto específico para a IntelliClean. A conexão perceptual com a Crest traz para a Philips mais credibilidade para atuar no mercado de escovas de dentes. E a Crest, por sua vez, ganha ao participar ativamente desta evolução tecnólogica, reforçando associações como "inovadora" e "moderna", importantes para a sua marca.

No Brasil, quem planejou muito bem associações com outras marcas foi a C&A. Durante alguns anos, a parceria com Gisele Bündchen (uma marca, como não?) foi fundamental para ajudar a C&A a desenvolver percepções de expertise em moda, glamour e internacionalidade. Em um segundo momento, a presença de Ricky Martin injetou com mais força na personalidade da marca elementos de dinamismo, musicalidade e alegria. E a parceria com Daniela Sarahyba complementou a construção do universo C&A com a beleza tipicamente brasileira.

Observe que iniciei o parágrafo acima com o verbo "planejar". É isso mesmo. Parcerias bem-sucedidas não se baseiam em decisões impulsivas ou análises superficiais. O risco de receber da marca parceira associações indesejadas é muito grande.

Explorando modelos de arquitetura:

A arquitetura de marca, vale lembrar, é a organização e estruturação do portfólio de marcas da empresa e o estabelecimento da natureza dos relacionamentos entre as mesmas.

Uma questão fundamental nesse jogo é a relação entre a marca-mãe, a marca corporativa da empresa, e as diversas marcas de produtos ou serviços que a empresa utiliza em diferentes mercados.

A Troiano Consultoria de Marca propõe 3 modelos básicos de arquitetura capazes de lidar com esta questão. Vamos entender as vantagens e desvantagens de cada um deles:

A- *O modelo monolítico*

Neste modelo, a marca-mãe é a única utilizada pela empresa. Esta marca-mãe nomeia a corporação como um todo e identifica produtos diversos nas áreas em que a empresa atua.

Um exemplo de arquitetura monolítica é o da marca Bradesco.

É interessante ver como cada serviço, seja seguros ou previdência privada, se alimenta das percepções de "segurança" e "confiança" conferidas pela marca-mãe Bradesco.

E a recíproca é verdadeira: Cada serviço distinto, ao carregar de modo destacado o nome Bradesco, contribui para tornar a marca muito mais visível.

Modelos monolíticos sempre me fazem lembrar da origem etimológica da palavra família. Ela vem do vocábulo latino "famulus", que designava "servidores domésticos" de uma casa. É mais ou menos isso que acontece no modelo monolítico: todos os nomes de produto da empresa estão a serviço da construção de uma única marca forte.

A percepção geral da marca-mãe é mais significativa que percepções particulares de marcas que nomeariam produtos e serviços específicos. Um bom exemplo é a Federal Express. A qualificação geral da marca Fedex em remessas rápidas é mais significativa que qualquer expertise particular de suas empresas coligadas.

Se tivesse que escolher apenas uma palavra para definir o modelo monolítico, optaria pela palavra *concentração*. Concentração de investimentos de comunicação da empresa, que não são divididos na divulgação de várias marcas diferentes, e concentração das percepções do consumidor em torno de uma única marca de alta visibilidade.

Veja o caso da marca Bauducco. Há uma clareza absoluta em sua proposta, que endossa produtos diversos, mas sempre na área de alimentos. É como se cada embalagem de torrada, biscoito ou Panettone, sempre com a indefectível cor amarela de Bauducco, contribuísse para reforçar o poder da marca.

Como tudo na vida, o modelo monolítico também tem uma desvantagem: ele restringe não só a gama de movimentos em direção a outras categorias de negócio, como também os modos possíveis de atuação nas categorias em que já está presente.

Pense novamente no caso de Bauducco. É difícil imaginar esta marca endossando hoje alimentos como molho de tomate ou ervilhas em lata. Estes produtos simplesmente não combinam com o universo de percepções em torno da marca, que remete a produtos gostosos e saudáveis do mundo dos confeiteiros e padarias, produtos que vão ao forno e são feitos com carinho. Além disso, mesmo em uma categoria específica como biscoitos, a empresa sabe que não é qualquer proposta de produto que pode ser endossada pela marca. Os biscoitos menos elaborados, mais baratos e acondicionados em grandes pacotes, por exemplo, jamais poderiam ser da família Bauducco, sob risco de comprometer a percepção de qualidade de toda a linha de produtos comercializada pela empresa.

B- *O modelo independência*

É o caminho oposto ao modelo monolítico. Aqui a empresa opta por criar uma marca distinta para cada oferta específica que faz ao mercado. A marca-mãe corporativa não é mencionada na comunicação.

Um exemplo de empresa que adota o modelo de independência é a Procter & Gamble. Pert Plus, Pampers, Pringles... a empresa trabalha uma série de marcas diferentes e o consumidor muitas vezes nem imagina que elas pertencem à mesma empresa.

Neste modelo independência, a palavra-chave é *liberdade*.

A vantagem desta liberdade é que não é preciso acomodar a promessa da marca-mãe a particularidades de cada segmento de negócio. A área de marketing está livre para criar e construir marcas com promessas específicas para os targets que se deseja explorar.

Pense por exemplo em uma empresa, com uma marca-mãe bastante tradicional, que identifica uma oportunidade irresistível em certo segmento onde associações de modernidade são extremamente valiosas. De acordo com o modelo independência, a empresa tem a liberdade de desenvolver uma nova marca específica para este segmento. Se essa marca não emplacar, ela pode até ser retirada do mercado sem que os outros negócios da empresa saiam arranhados.

O modelo independência permite também uma estratégia multimarcas em um mesmo segmento de negócio. Utilizando novamente o exemplo da Procter & Gamble, vemos que a empresa possui, no mercado de sabão em pó, marcas distintas e independentes para representar diferentes promessas específicas.

Claro que toda essa liberdade tem um preço. E então, como em um jogo de espelhos, as vantagens do modelo monolítico tornam-se as desvantagens do modelo independência. Perde-se, por exemplo, a chancela de segurança e confiança normalmente proporcionada por uma forte marca-mãe. E o sucesso de uma marca não reforça positivamente a percepção das outras marcas da empresa, dispersando o orçamento de comunicação entre muitas marcas diversas.

Marca de maior valor agregado, trabalha inovações mais interessantes

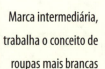

Marca intermediária, trabalha o conceito de roupas mais brancas

Marca intermediária, conceito 2 em

Marca de menor preço, mais popular, trabalha perfume

C- *O modelo paternidade:*

Esse é um modelo misto, uma solução intermediária entre os dois modelos anteriores.

Um exemplo de empresa que, de modo geral, tende a adotar este modelo é a Nestlé. A empresa trabalha com uma família de marcas fortes como Tostines e Chambinho, mas cada uma dessas marcas é endossada claramente pela marca-mãe Nestlé. Neste momento você pode então se perguntar se este modelo não deveria se chamar "maternidade", no lugar de "paternidade". Pois é. O que se pode fazer se os termos que se tornaram populares foram "marca-mãe" e "modelo paternidade"?

São coisas do marketing: alguns nomes "pegam", outros não.
Mas será que essa solução intermediária funciona?

O modelo paternidade é sim um caminho possível e valioso, que lida muito bem com as tensões existentes entre os modelos monolítico e o da independência. E ele faz isso por meio de uma palavra-chave: sinergia.

Neste modelo, cada marca particular tem uma certa liberdade para desenvolver um posicionamento específico. Ao mesmo tempo, essas mesmas marcas se beneficiam de associações organizacionais positivas trazidas pela marca-mãe e, em retorno, contribuem para o fortalecimento da marca corporativa.

Novas marcas conferem energia à marca-mãe e, conseqüentemente, a toda a organização. Um exemplo poderoso é a marca I-Pod, que foi essencial para ajudar a marca-mãe Apple a retomar seu posto como líder em design e inovação em tecnologia.

Muitas empresas que adotavam um modelo de independência têm migrado para o modelo de paternidade. Uma das justificativas para esse movimento é justamente a busca de mais sinergia entre as marcas da família. Mas há também a preocupação em atender a um desejo cada vez mais presente no consumidor: conhecer a organização que está por trás das marcas que ele admira. Esse consumidor está cada vez mais interessado em obter respostas para as seguintes perguntas: quem é essa organização? Qual a promessa geral que alimenta eventuais promessas particulares de suas marcas? Qual o papel que esta organização pretende ter na sociedade?

Um exemplo de empresa que empreendeu a mudança em direção ao modelo paternidade é a Unilever. O caminho foi o desenvolvimento de uma promessa geral corporativa de "vitalidade": levar mais vitalidade para o dia-a-dia e ajudar as pessoas a aproveitarem a vida. O consumidor parece que entendeu bem essa proposta, possibilitando que a marca Unilever endossasse marcas de segmentos tão distintos

como Maizena e Vinólia. Além disso, vitalidade é uma promessa que representa de forma muito eficiente compromissos mais amplos de uma corporação: um ambiente de trabalho dinâmico e com vida, iniciativas de valorização da vida na comunidade etc.

De qualquer forma, cada modelo traz os seus riscos, como já dissemos. No modelo paternidade, é necessário entender que há uma grande responsabilidade de cada uma das marcas da empresa. Problemas em qualquer uma delas comprometem a marca-mãe e, por extensão, contaminam a percepção de todo o portfólio da empresa.

Recorro aos grandes romances, sempre uma fonte fantástica de inspiração, para lembrar a história de uma família que é, provavelmente, uma das mais conhecidas da literatura mundial. Falo do livro *Os irmãos Karamazov*, de Dostoievski. O patriarca Karamazov é morto porque um dos filhos quer ter recursos para ser mais livre, porque outro é negligente com a ameaça iminente do assassinato e porque um terceiro finalmente executa o crime...

No mundo das empresas, é mais ou menos isso o que acontece com modelos de paternidade mal gerenciados: algumas marcas querem ser mais livres enquanto outras tantas, sem serem confrontadas, tomam iniciativas que ferem a marca corporativa...

Vimos que há, então, três modelos de arquitetura: monolítico, independência e paternidade.

Na prática, no entanto, a coisa fica mais complexa. Na verdade, há dezenas de variações possíveis entre esses modelos básicos.

Veja esses dois exemplos de chocolate: o Suflair, da Nestlé, e o Talento, da Garoto. Nos dois casos está retratado o modelo paternidade. No primeiro, no entanto, a marca comunicada com proeminência é Suflair e a marca-mãe Nestlé atua como um endosso de qualidade.

No segundo caso, a marca-mãe Garoto dá efetivamente nome ao produto, enquanto a submarca Talento indica uma linha específica de chocolate. É como se o primeiro caso se aproximasse mais do modelo independência e o segundo, do monolítico. Há centenas de nuances entre esses pólos. Nuances gráficas ou de nomeação das marcas, que revelam diferentes modos de conduzir o relacionamento entre elas.

O Grupo Algar, por exemplo, é uma sólida organização de origem mineira que atua com muita competência em diversos setores como comunicação, operações de call center, alimentos e turismo. A relação de paternidade entre a marca-mãe Algar e as marcas utilizadas em cada um desses segmentos se dá essencialmente por uma afinidade gráfica, como ilustrado abaixo com a marca CTBC de telefonia, acesso à Internet e TV a cabo.

Além de variações ao redor dos três modelos básicos de arquitetura de marca, é sempre possível que a empresa decida adotar modelos diferentes em áreas de negócio distintas.

Veja o caso da marca Sadia que, historicamente, respeitou um modelo monolítico na área de frios, embutidos e outros alimentos salgados.

Quando ingressou em novos segmentos, entretanto, adotou um modelo de paternidade. É o caso da marca de sobremesas Miss Daisy e o da marca de alimentos light, a Vita Light.

Como você pode perceber, construir uma arquitetura de marca é um exercício sofisticado, que envolve a ponderação dos critérios-chave já comentados de concentração, liberdade e sinergia.

É um exercício sofisticado porque, como tudo que diz respeito a marcas, combina sempre um delicado equilíbrio entre o respeito pelos objetivos de negócio da organização e um profundo entendimento da percepção do consumidor: ele entende a arquitetura proposta? Essa arquitetura pode ser comunicada de modo claro?

Especialmente no caso de empresas com muitas marcas, essa análise envolve a construção de uma verdadeira árvore genealógica, como ilustrado no exemplo abaixo, das Organizações Globo. Repare como a forte marca-mãe "alimenta seus filhos" e como esses filhos estão organizados de modo lógico em territórios bem definidos.

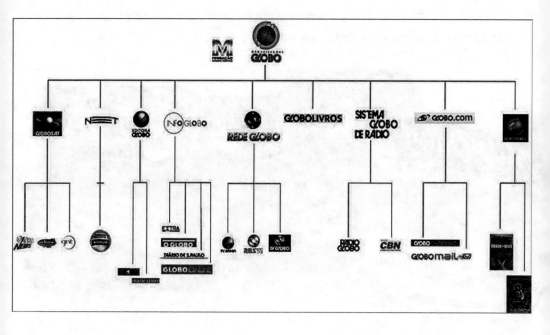

Nunca foi tão importante pensar a arquitetura de marca. Nos últimos anos, temos assistido à multiplicação de fusões e takeovers que muitas vezes têm um efeito devastador ao violentarem as formas preexistentes de reconhecimento das empresas no mercado. Da noite para dia, altera-se completamente a arquitetura de uma marca, sem considerar a sua história e sua teia de relacionamentos.

O cuidado com a arquitetura de marca da empresa deve ser constante. Às vezes, até mesmo a ambição de gerentes de produtos se torna uma ameaça quando estes se preocupam mais em marcar suas carreiras com histórias significativas do que adotar um raciocínio estratégico na hora de lançar novas marcas.

Uma arquitetura de marca bem definida não apenas proporciona vantagens competitivas para a organização no presente, como também ajuda a preparar o espaço para inovações e para o crescimento de cada marca da empresa, como veremos no próximo capítulo.

Check list básico
avaliando o conjunto de marcas de uma organização:

☒ - É possível organizar todas as marcas atuais em uma árvore de família? As relações entre marcas representadas nesta árvore são percebidas e compreendidas de modo claro pelo consumidor?

☒ - Concentração: há marcas demais, desconhecidas ou desnecessárias, que poderiam ser retiradas em função de uma marca-mãe de maior vínculo com o consumidor? Há marcas que atuam como "energizadoras" e que por isso deveriam receber mais atenção e recursos?

☒ - Liberdade: há a necessidade de criação de novas marcas para traduzir uma promessa específica a um grupo determinado de consumidores? Que grau de liberdade essas novas marcas teriam?

☒ - Sinergia: as marcas endossantes atuais realmente contribuem para as marcas endossadas? O inverso também acontece? Existem situações em que uma marca endossante ou endossada devesse ser acrescentada ou se fazer mais presente?

☒ - Parcerias: há oportunidades de parceiros que contribuam para fortalecer o universo perceptual em torno de produtos ou serviços da empresa?

☒ - A arquitetura de marca é revisada periodicamente? Quem é o responsável? Como esse processo ocorre?

Em Campo

4. Transformando insights em conceitos

5. Do conceito à comunicação eficaz

6. Gerando boca-a-boca sobre a marca

7. Os sinais da marca

8. Quando sinais de mais de uma
   marca estão juntos...

9. Marcas e inovação: tudo a ver

9. Marcas e inovação: tudo a ver

Falar de marcas é falar de inovação e vice-versa. Por três motivos:

O primeiro deles você já conhece. Marcas representam, em última instância, uma promessa central da empresa. E a forma de entregar essa promessa por meio de um produto ou serviço pode mudar com o tempo. Pode, não: muda mesmo! E muda cada vez mais rápido. Uma disciplina apurada de inovação é então importante para que a empresa mantenha, ao longo do tempo, a importância de sua promessa e a capacidade de cumpri-la.

O segundo motivo é que, com o decorrer dos anos, toda marca costuma enfrentar um grande desafio: não envelhecer e não se tornar monótona nem engessada. Ela precisa continuar surpreendendo os consumidores. A inovação deve estar não só nos atributos de produto, mas também em ações de comunicação que ajudam a marca a manter em dia a relação com o seu target.

Finalmente, o terceiro motivo é que marcas e inovação são dois ingredientes fundamentais para alimentar o crescimento das empresas. Marcas fortes podem, por exemplo, atuar como plataformas para lançamentos de produtos em categorias de mercado mais lucrativas do que aquelas em que a empresa está presente.

Foi o caso da marca Dona Benta, que originalmente trabalhava apenas o produto "farinha de trigo" mas que, com o tempo, se fez valer de associações positivas em torno da marca como "qualidade", "carinho" e "produtos que lembram o forno" para, de modo planejado,

ingressar em outros segmentos como fermentos, massa para bolo e bolinhos de chuva.

Mas cuidado:
Inovar é importante, entretanto ninguém disse que é fácil.

Para inovar com sucesso é preciso abandonar muitos dos nossos cacoetes do passado. Perguntar ao consumidor o que ele deseja é um deles.

Não porque o consumidor não saiba o que responder. O problema, aliás, é que ele sempre responde. E, pode apostar, vai pedir mais do mesmo, só que querendo pagar menos. Incapaz de imaginar outro jogo de mercado, o consumidor somente repete o que já conhece.

Consumidores costumam retratar apenas o que já existe e tendem a ser pouco criativos quando imaginam o futuro. Henry Ford já sabia disso quando dizia: *"Se tivesse perguntado o que as pessoas queriam, teria feito carroças com cavalos mais rápidos."*

Empresas que insistem em inovar atendendo exatamente ao que o consumidor pede acabam desenvolvendo alternativas que representam apenas melhoras e ajustes marginais nos seus produtos.

Para saber o resultado desse processo basta passar os olhos em qualquer revista. Você vai se cansar de ver novos produtos que oferecem as mesmas soluções, para os mesmos problemas. Um consumidor já me disse: "Quando leio expressões como 'para lidar com aquela correria do dia-a-dia', me desligo e nem presto mais atenção no anúncio... Toda empresa fala a mesma coisa para vender os produtos mais diversos como bancos com serviços pela Internet, iogurtes, produtos de limpeza..."

Ele tem razão.

Para fazer diferente e inovar com sucesso

A esta altura do livro você já sabe o que é marca, ou, em bom inglês, o que é brand.

Mas aí vai então uma pergunta diferente: Quem é *brand*?

No livro *Uma Breve História Sobre Quase Tudo* aprendi que Hennig Brand era um alquimista alemão, do final do século XVII. Seu sonho singelo: transformar urina em ouro, provavelmente motivado por uma razoável semelhança de cor entre as duas substâncias.

Manipula dali, decanta de lá, e suas experiências foram bem-sucedidas. Brand não conseguiu chegar ao ouro, é claro, mas desenvolveu um produto extremamente valioso para a época, uma verdadeira inovação: o fósforo.

Tristemente, no entanto, o nosso Brand morreu pobre. Foram os industriais suecos que aperfeiçoaram seu invento, tornando-o realmente lucrativo. Até hoje são eles que dominam esse grande mercado.

A história de Brand é instrutiva. Ela nos mostra que inovações devem ser conduzidas por meio de um processo flexível, que dê espaço ao acaso e à criatividade. Mas um processo que seja, ao mesmo tempo, estruturado e organizado, para garantir que boas idéias possam ser aperfeiçoadas e transformadas em produtos e serviços de sucesso.

A chave para lidar com esse processo paradoxal que depende de flexibilidade e estrutura ao mesmo tempo é a própria disciplina embutida na palavra processo. É ele, o processo, que garante que o acaso seja captado, se transformando primeiro em aprendizado e depois em resultado. Como dizia Winston Churchill: *"Planos são inúteis, pois muito rígidos. Mas planejar é absolutamente fundamental".*

O segredo é trabalhar inovações por meio de um processo construído a partir da crença de que idéias inesperadas só aparecem porque estávamos à sua espera. Em outras palavras, o processo deve favorecer o surgimento do inesperado.

Há inúmeros modelos bastante eficazes de processos de inovação. Respeitando variações e distintas experiências, tenho notado que esses modelos de processo costumam incorporar quatro atividades básicas:

1. Investigar o target em busca de oportunidades

O melhor modo de efetuar essa investigação já foi discutido no capítulo 3. A palavra-chave é observar, como se pode ver nos dois exemplos seguintes:

- Observação de atletas mostrou que eles colocavam suas bebidas dentro de garrafas de água vazias. Surge um novo modelo de garrafa de Gatorade.

- Observação de famílias tomando café da manhã revelou que cereais eram embalados em plásticos pelas mães para as crianças comerem na escola. São lançadas então versões individuais de Sucrilhos Kellogg's.

Novas marcas que em pouco tempo constroem uma história de sucesso trazem uma importante lição: observar não-consumidores atuais de uma determinada categoria de negócio é o primeiro e mais importante passo para encontrar um target ainda não explorado.

Um exemplo discutido no excelente livro *Blue Ocean Strategy* é o da Academia de Ginástica Curves, que vem crescendo muito no Brasil. Ela é feita sob medida para mulheres que não se identificam com academias onde reinam a ditadura do corpo perfeito e um certo clima de azaração. Na Curves só entram mulheres e a badalação fica de fora. O espaço físico é simples e a mensalidade, portanto, mais acessível. Um método que exige do cliente a disponibilidade de apenas 30 minutos, três vezes por semana. Nada de aeróbica-axé depois da aula de box. A Curves inventou a anti-academia. Já são hoje 10.000 unidades em todo o mundo.

Outro bom exemplo foi narrado em artigo publicado no jornal *Meio & Mensagem*, em setembro de 2006. A Brastemp inovou no mercado de "filtros residenciais" ao oferecer não um produto, mas um "serviço de purificação de água". Nesse processo de inovação, a Brastemp mapeou todo o ciclo de relacionamento com a água do consumidor que não possuía filtros, e descobriu que ele tinha restrições em relação ao preço e ao processo de limpeza do aparelho. Além disso, a empresa estudou os custos dos famosos galões, solução normalmente adotada pelos não usuários de filtros.

O resultado foi o lançamento do Purificador, um aparelho que é instalado gratuitamente na casa do consumidor e recebe uma manutenção semestral da equipe Brastemp. O consumidor paga apenas uma assinatura mensal, inferior ao que ele gastava com os galões de água. E ganha, como benefícios, estética e privacidade.

Um último exemplo vem do relógio despertador Clocky, que tanto chamou a atenção nos Estados Unidos no último ano. Tudo começou porque a inventora do Clocky não usava despertador. Para ela, não funcionava: era muito fácil desligá-lo e continuar dormindo. Por outro lado, muitas vezes ela era acordada por seus gatos, que brincavam com seus pés até ela sair da cama. Pronto, eis que surge um relógio despertador "com rodinhas", que literalmente sai correndo pelo quarto, sempre seguindo um padrão diferente de movimentação.

2. Definir uma prateleira mental para a inovação

Você conhece a TV Time Machine, da marca LG? A propaganda que anunciou este lançamento é bastante clara: um homem curtindo uma partida de futebol na TV é subitamente interrompido pela sua mulher.

Essa situação, que poderia ser pretexto para uma discussão do casal, é resolvida facilmente com o apertar de um botão do Time Machine. A imagem do jogo congela, o casal conversa, e depois a imagem do jogo continua a passar normalmente.

Se pensarmos nesse produto, a prateleira mental ocupada pela inovação está bastante clara: a das TVs. E nessa prateleira, a marca estabelece um irresistível benefício: a possibilidade de congelar a imagem com o toque de um botão. O consumidor entende facilmente com quem o novo produto compete e o que ele traz para essa competição.

A mesma tecnologia, lançada no mercado de outra forma, trouxe percepções bastante diferentes. Estou falando do TiVo, produto comercializado nos Estados Unidos, que em faculdades americanas virou até estudo de caso sobre problemas causados por uma definição confusa de prateleira mental. O TiVo é um pequeno computador que, se acoplado à TV, se torna capaz de gravar dezenas de horas de programação, permitindo assim que o usuário congele a imagem ou programe o melhor horário de exibição de suas séries favoritas.

Bom, é basicamente isso que a Time Machine faz. Mas a Time Machine é uma TV. Enquanto o TiVo é... o quê? Um computador? Uma espécie de DVD? Um acessório para televisões?

Em 2005, 6 anos depois do lançamento, haviam sido vendidos apenas 4 milhões de TiVos no mercado americano. Isso apesar de todo o entusiasmo com o produto demonstrado pelo consumidor em pesquisas prévias. Para se ter uma idéia, em 2005 já tinham sido comercializados nos Estados Unidos 80 milhões de DVDs, inovação introduzida praticamente na mesma época do TiVo. Uma diferença-chave: a prateleira mental dos DVDs, que já estava prontíssima, era incrivelmente clara: tratava-se da mesma prateleira construída para os vídeos cassetes.

A combinação de um grande benefício com uma prateleira mental já existente é bastante poderosa. Já se tornou clássico o exemplo do Ipod. Todo mundo entendeu o conceito de ouvir sua própria seleção de músicas em qualquer lugar, pois essa era uma prateleira mental construída com o Walkman da Sony. Ficou mais fácil então assimilar todos os benefícios fantásticos trazidos pelo Ipod: capacidade quase infinita de memória, facilidade de organização das músicas gravadas etc.

As inovações, no entanto, não devem se limitar a uma prateleira mental já existente. Pode ser fundamental criar uma nova prateleira mental que delimite um território único, destacando uma determinada marca dentre o universo de seus competidores. No processo de construção dessa nova prateleira, o importante mesmo é inspirar-se no próprio consumidor.

Pense nas "agendas eletrônicas", prateleira mental criada na década de 90. Todo mundo entende o que é e quais os benefícios trazidos por uma "agenda". E fica mais fácil ainda imaginar e acreditar nas vantagens extras que uma agenda "eletrônica" pode trazer.

Não é essencial que uma nova prateleira mental tenha um nome. Na verdade, pode ser vantajoso que o nome da prateleira se torne o da própria marca. Como gilete, cotonete, band-aid etc.

3. Entender que benefícios são realmente relevantes para o target nesta prateleira mental

Definida qual a prateleira mental em que a inovação estará situada, é fundamental entender que benefícios são realmente relevantes e quais atributos de produto representam apenas custos desnecessários para o consumidor. Muitos acham que uma inovação só acrescenta features a um modelo de produto ou serviço, mas não é verdade. Pensar assim é o primeiro passo para acabar construindo uma estrutura de custos que inviabiliza o modelo de negócios.

Volto a citar o exemplo da Academia Curves. Na Curves, por exemplo, não há espaço para modernas lanchonetes e locais de convivência social encontrados nas academias tradicionais. Esse feature foi eliminado. Ele não faz sentido para a promessa da marca, que propõe uma solução rápida de preparação física para quem não quer saber de badalação. Além disso, lanchonetes e espaços de convivência representariam apenas custos extras de aluguel e manutenção, tornando proibitivo o valor do investimento de pequenos franqueadores da academia. E estes pequenos franqueadores são essenciais: para ser uma solução rápida de fitness, a Curves deveria ter, idealmente, uma pequena Academia em cada quarteirão.

Os custos estão sempre associados a cada possível benefício. A maior parte dos consumidores, como já visto, é bastante conservadora. Por isso, mudar um hábito ou aprender um novo procedimento também costumam representar custos altíssimos para o consumidor, mesmo quando o benefício trazido pela inovação é grande.

Lembro de um parente pouco afeito a tecnologias. Quando os CDs surgiram, substituindo o disco de vinil, ele me telefonou pedindo uma ajuda para entender como esta nova tecnologia funcionava. Em poucos segundos ele aprendeu o essencial: bastava pôr o CD e apertar "play". Quando eu já me despedia, ele perguntou assustado: "Como desliga e como toco o lado B?".

Esse exemplo fala de uma inovação extremamente bem-sucedida. Ela teve sucesso justamente porque trouxe poucos custos associados de mudança: as habilidades para usar um CD não são essencialmente diferentes daquelas necessárias para usar um disco de vinil. E olha que ainda assim houve espaço para resistências como a do meu parente. Imagine então uma nova tecnologia que demanda novas práticas e todo um novo jeito de pensar...

Claro que há inovações que representam revoluções e então é difícil evitar que um novo padrão de comportamento seja imposto ao consumidor. Mas o pensamento-chave do executivo de marketing deve ser sempre o seguinte: como trazer um determinado benefício com custos mínimos de mudança?

Uma das maneiras de lidar com este desafio é dialogar constantemente com experts em temas relacionados ao ambiente ou ao objetivo da marca. Seja ousado. Se a sua marca é de uma estação de rádio que transmite futebol, não converse apenas com jornalistas ou sociólogos.

Que tal levar um poeta cego a um estádio, para que ele depois transmita ao time da marca toda a riqueza de sensações auditivas que um jogo de futebol deve trazer?

Outro caminho que leva a esse olhar diferenciado é visitar empresas benchmark em categorias de negócios diferentes, mas que lidam com um tipo de promessa semelhante àquela defendida pela sua marca.

Um exemplo: se você tem uma escola, por que não conhecer de perto o sistema de atendimento do Laboratório Fleury? Você pode aprender bastante sobre novos métodos de prestar informações aos seus alunos, ou de oferecer aos pais opções de acompanhamento das notas de seus filhos.

Finalmente, vale a pena mencionar esforços que envolvem o consumidor diretamente no processo de desenvolvimento de produtos. Não como alguém que é investigado ou observado, mas como alguém que participa ativamente na criação dos benefícios do produto.

Estou falando do tal "prosumer", termo cunhado pelo futurologista Alvin Toffler, ainda na década de 80, quando ele previu que o papel dos produtores e dos consumidores iria começar a se misturar. O raciocínio era que para continuar crescendo com lucratividade, as empresas teriam que iniciar um processo de personalização de massa, ou seja, a produção maciça de produtos altamente personalizados. E para alcançar esse elevado grau de personalização, os consumidores teriam que tomar parte no processo de produção, especialmente na especificação dos requisitos do produto ou serviço.

Se pensarmos bem, este é exatamente o tipo de relacionamento que muitas pessoas já vêm tendo ao longo de várias décadas com profissionais como os arquitetos ou decoradores...

Mas, com a Web 2.0 e o "modelo Wiki" de criação compartilhada de conteúdo, o conceito de prosumers virou uma absoluta realidade nas mais diversas áreas de negócio.

Como todos sabemos, a Wikipédia é uma enciclopédia virtual colaborativa, totalmente atualizada e expandida pelos seus usuários e colaboradores. Claro que não é qualquer tipo de informação que é publicada, existe todo um processo de apuração para garantir que as informações veiculadas sejam relevantes e verdadeiras. De qualquer forma, os prosumers são os colaboradores da Wikipédia, que geram conteúdo via contribuições de alta qualidade e credibilidade e que são, ao mesmo tempo, os consumidores da Wikipédia.

Um bom exemplo de negócio que se vale dos prosumers é a Amazon, que permite que seus clientes adicionem valor à oferta da empresa, na forma de opiniões, listas pessoais e recomendações inseridas no site.

E a lista de prosumers é grande: em empresas de brinquedos, de roupas etc. As empresas e os indivíduos estão realmente cada vez mais envolvendo seus consumidores para desenvolver e produzir os benefícios finais dos seus produtos e serviços.

4. Aprender sempre

Processos de inovação eficazes sempre incluem atividades freqüentes de retro-alimentação. No que acertamos aqui? Onde erramos? O que aprendemos?

Claro que a integração com o consumidor, especialmente via plataformas digitais que permitem um diálogo constante e ágil com o mercado, é um caminho natural para alimentar esse aprendizado.

Mas agora queria falar um pouco mais sobre uma prática às vezes mal compreendida: a de se trabalhar com protótipos.

Um protótipo é o ponto de encontro entre uma idéia inovadora e o consumidor. É, portanto, uma fonte inestimável de aprendizado.

Há cerca de um ano, na cidade de São Paulo, um artista plástico fez uma inusitada instalação no poluidíssimo Rio Pinheiros. Dezenas de bonecos acomodados em caiaques coloridos, em tamanho real, foram espalhados pelo rio. A visão desse cenário era uma experiência transformadora. Imediatamente, todos percebiam como a cidade podia ser mais alegre e mais humana. Essa sensação não seria possível a partir de uma descrição puramente técnica dos benefícios da despoluição do Rio Pinheiros. A instalação é que deu às pessoas a chance de realmente entenderem o que estava em jogo.

Toda idéia pode ser traduzida em um protótipo. Atores, vídeos, simulações virtuais, lojas teste... os recursos são inúmeros.

Gosto também de imaginar que o produto recém-lançado continua a ser uma espécie de protótipo. O consumidor muitas vezes cria usos e aplicações não imaginados pelos fabricantes para novos produtos e serviços, num processo conhecido como serendipia.

Uma boa história é a do papel Kleenex com a caixa pop up (aquela na qual, ao se puxar uma folha, parte da próxima fica à mão). Logo no início da comercialização do produto a empresa detectou que, em vez de usarem os lenços para remover cremes e maquiagem, uso imaginado pela equipe da marca, os consumidores usavam Kleenex como lenço de nariz. Foi lançada então uma nova campanha e surgiu o fantástico slogan: "Não ponha um resfriado no seu bolso".

Aprender sempre, enfim, é entender que o pensamento inovador não nasce ou se extingue em um projeto.

Profissionais que trabalham com marcas devem estar sempre procurando o que é novo, bebendo de novas fontes de informação, conversando com consumidores... O que chamamos de intuição nada mais é que a súbita conexão entre essas pecinhas de inspiração que vamos colecionando ao longo do tempo. Robert Musil, autor do livro *O Homem sem Qualidades*, resumiu bem esse processo:

"...a coisa passa-se com rapidez e notamos nitidamente dentro de nós um certo espanto ao verificarmos que os pensamentos, em lugar de esperarem pelo seu autor, se fizeram sozinhos. A este sentimento de leve espanto, muita gente hoje em dia deu o nome de «intuição», depois de lhe haverem chamado «inspiração», e julgam ver aí algo de superpessoal, quando se trata simplesmente de qualquer coisa de impessoal, ou seja, a afinidade e a homogeneidade das próprias coisas, que com o tempo se encontram dentro de um cérebro."

Extensões de marca

Uma extensão de marca é quando a marca endossa um novo produto em uma categoria de negócios diferente daquela em que ela estava presente. Já as extensões de linha representam inovações que trazem variações dentro de uma mesma categoria. Um novo sabor do tradicional Toddynho em caixinha, por exemplo, é extensão de linha. Já um bolinho de chocolate Toddynho é extensão de marca.

Em 2004, a Troiano Consultoria de Marca, por meio de sua sócia Cecília Russo, conduziu uma pesquisa inédita no Brasil. Foram avaliados 2228 diferentes produtos, endossados por 456 marcas distintas, em 64 categorias.

Constatou-se que 77% dos produtos à disposição do consumidor, hoje, são extensões de alguma marca. 77%!

O número impressiona, mas faz todo sentido. Há várias vantagens nas extensões de marca, afinal:

- É muito caro construir novas marcas. Extensões de marca se aproveitam da força de uma marca já existente, rentabilizando investimentos anteriores de comunicação.

- Extensões são mais facilmente aceitas pelo Trade. Nas acirradas disputas por espaço de gôndola em supermercados, é mais fácil vender para o canal de distribuição uma marca cujo poder é reconhecido.

- Uma extensão bem-sucedida aumenta a chance de novas extensões serem percebidas favoravelmente. Cada extensão bem-sucedida, por sua vez, aumenta a reputação da marca-mãe, e todo o ciclo ganha mais ímpeto. Exatamente como no caso de Dona Benta.

Nem tudo é um mar de rosas, no entanto. Há neste ponto uma importante pegadinha. Quando empresas introduzem extensões que não respeitam a visão da marca, o lançamento acaba por dilapidar a sua força. É aquela situação clássica do restaurante que oferece churrasco, depois inclui sushi no cardápio e, quando nada disso parece dar certo, passa a oferecer também pizza...em pouco tempo o consumidor passa a acreditar que um lugar como esse não pode ser bom em nada.

Há dois fatores decisivos para se pensar uma extensão. Costumo chamá-los de dois "efes":

1. A Força da marca-mãe

O conceito de força envolve o quanto a marca é conhecida e principalmente o quanto ela é admirada. Marcas de alta força podem naturalmente se expandir.

2. O Fit, ou adequação, entre a extensão e elementos da visão da marca-mãe

Há várias características que podem gerar fit:

- Identidade de atributos. Exemplo: manutenção do mesmo ingrediente. Nescau é chocolate, então o consumidor aceita que pode haver uma barra de chocolate Nescau. Ou o consumidor reconhece a expertise de uma marca de geladeira no vetor tecnológico e então assimila com mais naturalidade quando a marca lança outros tipos de eletrodomésticos.

- Proximidade das prateleiras mentais da extensão e da marca-mãe. Exemplo: uma marca de pasta de dente, que lança também uma escova de dente.

- Conexão simbólica da extensão com elementos da visão da marca-mãe. Exemplo: Nescau traz a promessa de mais energia, então pode ter uma Power Bar Nescau, mesmo sem chocolate. Ou, no limite, o interessantíssimo exemplo da Caterpillar, que endossa tratores e botas.

O que esses produtos têm em comum? A robustez, elemento-chave da visão da marca.

Empresas devem, antes de lançar extensões de marca, pesquisar com os consumidores essas possibilidades de "percepção de fit". Em outras palavras: não é óbvio, a priori, quando uma extensão tem fit ou não, e qual esse fit. A dinâmica mental dos consumidores muitas vezes nos surpreende.

O processo de extensão também não pode prescindir de uma análise estratégica do time da marca, algo que se torna um verdadeiro jogo de xadrez por dois motivos:

1. Possibilidades de extensões distantes hoje da marca-mãe podem ser "aproximadas" por meio de sucessivos lançamentos. Uma marca de lâminas de barbear, por exemplo, pode não ser capaz hoje de lançar perfumes, pois as prateleiras mentais são muito distantes e não há identidade de atributos entre perfumes e lâminas. Mas, se essa mesma

marca lançar primeiro um creme de barbear, depois uma colônia pós-barba, perfumes passam a ser um próximo passo possível, especialmente se reforçado por conexões com elementos da visão da marca.

2. A escolha de trilhas de extensão. Imagine, como ilustração, uma marca de papel higiênico. Imagine também que ela pode começar seu processo de extensão lançando:

- Outros produtos de papel, como, no limite, até papel toalha para a cozinha (conexão via atributo de produto).

- Outros produtos para o banheiro, como desodorizadores de vaso sanitário (proximidade de prateleira mental "mundo do banheiro").

- Produtos de higiene íntima, como fraldas ou absorventes (conexão via benefício funcional).

A priori, tudo é possível e deve ser investigado junto ao consumidor.

Mas acontece que, uma vez definida uma trilha, algumas opções desaparecem. A mesma marca não pode, por exemplo, percorrer todos os caminhos acima e endossar papel toalha, desodorizadores e absorventes!

Inovações em busca do consumidor de menor renda

Encerro este capítulo com esta questão importante para todas as marcas, mas talvez hoje especialmente relevante para gestores de marcas de consumo, fascinados pela crescente importância das classes C e D no Brasil.

Um raciocínio muito comum é: "Como esses consumidores das classes C e D buscam essencialmente o menor preço, vou então fazer uma versão 'básica' do meu produto ou serviço, cobrar menos por ela e assim conquistar esse promissor mercado."

Simples ?

Nem tanto.

Já vi muitas empresas que, ao realizarem esse plano, não apenas fracassam com a inovação como também prejudicam os negócios da sua marca original.

Quando os consumidores são vistos a partir de sua própria cultura de valores, com suas particularidades e estilo único de encarar a vida e o consumo, as chances de um movimento de marca ser bem-sucedido aumentam muito.

Inovações para um target de menor renda devem então ser conduzidas por meio de um processo que investigue de forma ampla (e sem idéias preconcebidas) o mundo desses consumidores. Tudo deve ser avaliado, inclusive a necessidade de se criar uma nova marca, com benefício e promessa distintos.

A Unilever, por exemplo, desenvolveu o sabão em pó Ala especialmente para as donas de casa nordestinas de classes econômicas menos favorecidas. O produto oferece perfumes especialmente valorizados naquela região do país como a alfazema que, acredita o povo local, atrai a boa sorte e protege contra o mau-olhado. Não parece haver melhor maneira de conquistar novos consumidores.

"Foco é a concentração do máximo no mínimo.

Em outras palavras, o máximo esforço, em um conjunto bem delimitado de iniciativas."

10- Comportamentos que fazem das ferramentas armas poderosas

10. Comportamentos que fazem das ferramentas armas poderosas

"O que eu escuto, eu esqueço,
o que eu vejo, eu lembro,
o que eu faço, eu sei"

Provérbio chinês

Comportamentos que fazem das ferramentas armas poderosas

O filme *300*, lançado recentemente nos cinemas, mostra a versão desenvolvida pelo escritor Frank Miller da batalha das Termópilas, um famoso episódio da história em que apenas 300 soldados gregos, da Cidade Estado de Esparta, conseguem retardar o avanço do poderoso exército persa, na época a maior força já reunida em combate, com cerca de 100.000 guerreiros. Esse feito foi decisivo e acabou por garantir o tempo necessário para que as cidades gregas organizassem a defesa de seu território, impedindo a dominação persa.

Na trama há uma parte em que o rei Leônidas, ainda garoto, passa por um ritual de iniciação para se tornar um homem, cidadão e soldado de Esparta. Nesse ritual, o garoto espartano é deixado em isolamento, num local frio onde teria que caçar e confrontar eventuais predadores se quisesse sobreviver. No final, o garoto ressurge triunfante e sagra-se um rei adorado, por quem os espartanos lutariam até a morte.

Esse exemplo mostra como a sociedade espartana valorizava não apenas a destreza com o escudo e a espada, mas também o comportamento e a atitude necessários para que alguém pudesse ser considerado cidadão de Esparta.

Para passar pelo ritual descrito, era preciso ter e demonstrar características como coragem, determinação, capacidade de realização e automotivação.

Calma. Não vou terminar este livro propondo um ritual de iniciação.

Gostaria apenas de chamar a atenção para um fato importante na vida de qualquer pessoa envolvida no trabalho com marcas. É necessário conhecer e saber manejar ferramentas como modelos de posicionamento e visão, mas é preciso também criar certos comportamentos específicos, úteis no dia-a-dia de trabalho. Afinal, de que vale o melhor diagrama de visão de marcas do mundo sem a liderança capaz de inspirar o time envolvido com a marca a colocá-lo em prática?

Antes de falar sobre comportamentos, então, vamos rapidamente recapitular quais são as ferramentas necessárias para o nosso "combate".

Pesquisa de mercado

Já afirmei como é importante, para as marcas, criar percepções na mente e no coração dos consumidores. Por isso é importante conhecer a fundo essas pessoas. Só assim é possível ter insights sobre suas necessidades e desejos, bem como encontrar a melhor forma de atendê-las através das ofertas da marca e suas ações.

Como mencionei no capítulo 3, é preciso não apenas conhecer e saber aplicar metodologias convencionais de pesquisa qualitativa e quantitativa, mas também desenvolver abordagens alternativas como técnicas de observação ou convívio temporário com consumidores para entender sua rotina de vida. Isso garante a proximidade com os indivíduos, aqueles que têm motivações e necessidades específicas e, justamente por isso, não podem ser vistos apenas como compradores de produtos e serviços.

Metodologias de pesquisa auxiliam os profissionais de marketing em diferentes etapas do trabalho de construção de marcas, como monitoramento da imagem da marca e sua força, contato com consumidores para conhecer seus hábitos e suporte ao desenvolvimento de ações específicas de inovação, comunicação etc., capazes de auxiliar na construção da visão de marca desejada e no cumprimento das metas de negócio.

Posicionamento e visão de marcas

Outra ferramenta apresentada no capítulo 2 é um modelo capaz de ajudar na definição do posicionamento, bem como na projeção da visão planejada para a marca. Dentre as variáveis que ajudam na construção do modelo, chamei a atenção para a promessa central da marca, que serve de base para garantir um norte estratégico para todas as ações da mesma.

O uso dessa ferramenta permite também a definição da agenda de trabalho da marca, à medida que identifica as grandes áreas de diferença entre o atual posicionamento da mesma e sua visão projetada (gaps).

Segmentação de mercado

No capítulo 3 falei sobre a importância da análise e definição de modelos de segmentação capazes de identificar um conjunto de consumidores que tenham entre si necessidades comuns.

A construção de modelos de segmentação deve estar atrelada às necessidades dos consumidores, mais do que a simples desejos de consumo de produtos e serviços específicos. Com o passar do tempo, são essas necessidades que se mantêm importantes.

Desenvolvendo idéias de ações de marketing através de conceitos

No capítulo 4, apresentei o uso de conceitos como ferramentas úteis para o desenvolvimento de idéias de ações de inovação e comunicação, na medida em que permitem ao profissional de marketing compartilhá-las e aperfeiçoá-las, usando uma linguagem fácil de ser entendida pelo consumidor. Apresentei também dicas práticas para a estruturação e julgamento de conceitos.

Melhores práticas em ações de comunicação, ativação e inovação

Nos capítulos 5 e 9, falamos de ferramentas e check lists de auxílio no desenvolvimento e avaliação de ações de marketing como comunicação, ativação e inovação, fundamentais para o alcance dos objetivos financeiros da marca, bem como para a construção de sua visão.

Além de ações de comunicação e ativação convencionais, o uso do marketing boca a boca também foi abordado no capítulo 6 como uma forma eficaz de se chegar até os consumidores, sobretudo nos dias de hoje em que a Internet e outros meios de comunicação eletrônicos ganham tanta força.

Trabalhando os sinais das marcas e sua arquitetura

No capítulo 7, expliquei os princípios envolvidos no trabalho dos sinais das marcas, que representam todos os elementos responsáveis por ajudar a construir sua identidade nas gavetas mentais e nos corações das pessoas. E finalmente, no capítulo 8, falei sobre a importância de se definir uma hierarquia clara entre as marcas da empresa, considerando todos os tipos possíveis de arquitetura de marcas na organização do portfólio.

Estas são, enfim, algumas das ferramentas usadas rotineiramente pelos profissionais de marketing na construção de marcas fortes.

Agora que você já tem o domínio sobre elas, vamos falar um pouco sobre comportamentos. Há uma série deles que são importantes para um profissional de marketing. A idéia aqui é mostrar a combinação de alguns, capazes de tornar a rotina do trabalho com marcas mais produtiva e, por que não dizer, mais divertida também!

O delicado equilíbrio entre o foco analítico e o comportamento criativo e empreendedor

Na sua famosa obra, *A História*, Heródoto conta que os persas jamais tomavam uma decisão importante sem fazer três reuniões: uma para deliberar calculada e cuidadosamente os fatos. Outra para "viajar", na qual eles discutiam apaixonadamente sobre a questão em pauta, com a ajuda de muitas ânforas de vinho. E a terceira quando, já sóbrios, faziam uma síntese de tudo que foi debatido para que a decisão pudesse ser finalmente acordada.

Interessante, esse modelo. Acredito que essa combinação de **análise** e **sonho** está hoje na essência das marcas de sucesso.

E isso é uma novidade.

Durante muito tempo, tudo o que muitas empresas queriam eram informações confiáveis sobre o consumidor e o mercado, dados que possibilitavam a tomada de decisões racionais. Eram dezenas de tabelas e centenas de depoimentos de consumidores. Havia, inclusive, um ponto de vista filosófico que amarrava todo esse jogo: o de que a paixão obscurece a razão.

Times envolvidos com marcas de sucesso, pode acreditar, não pensam mais assim. Eles estão cada vez mais valorizando o empreendedorismo e a capacidade criativa aliada ao raciocínio analítico.

Veja que fiz questão de mencionar o comportamento criativo aliado à capacidade de empreendedorismo, pois o próprio ato criativo traz, em si, um quê de ousadia e de coragem. Criar algo novo pressupõe a capacidade de questionar um padrão existente e também a coragem de fazer algo para mudar esse padrão, mesmo que isso envolva riscos.

Mas se por um lado há muitas empresas que percebem a importância de conjugar seu raciocínio analítico com comportamento criativo e paixão empreendedora, outras se perguntam como manter tais características após seu crescimento.

Muitas marcas de sucesso que surgiram justamente em função da criatividade e empreendedorismo de seus idealizadores demandaram, com o tempo, grandes estruturas e corporações estruturadas para geri-las.

Até aí, nada de mais. Porém, em muitos casos, quanto mais famosas e bem-sucedidas as marcas se tornam, mais elas perdem o contato com suas raízes criativas e empreendedoras. Com o tempo, se torna excessivo o foco em normas, regras e análises exaustivas. A criatividade e o empreendedorismo ficam em segundo plano.

Claro que todos continuamos buscando ansiosamente mais informações e valorizando a capacidade analítica de lidar com elas, bem como processos e normas que auxiliem os times envolvidos na gestão de marcas.

Não podemos nunca perder a curiosidade sobre nossos consumidores e marcas. Mas é que toda informação é muito mais valiosa quando se torna ponto de partida para o sonho criativo. E a criatividade, aliada ao espírito empreendedor e a capacidade de assumir certos riscos, impulsiona o processo de desenvolvimento de ações de inovação, tão importantes para as marcas no contexto dinâmico atual. Informações sobre marcas e consumidores, quando usadas em plataformas de inovação, se transformam em verdadeiros tapetes voadores.

Quem entendeu bem esse ponto foi o fantástico poeta brasileiro Manoel de Barros, que já dizia: "é preciso saber errar bem o português".

É isso. Conhecer tudo a fundo, cada regrinha gramatical, para depois poder viajar e genialmente contrariá-las.

Por isso é de fundamental importância lembrar que marcas não podem ser administradas apenas com gráficos.

Voltemos para a síntese: marcas inovadoras contam com líderes analíticos **e** apaixonados. Sem paixão, o resultado é previsível: marcas frágeis, indecisas, com um pouco de tudo para cada um...

Adoro a definição que diz que foco é "a concentração do máximo no mínimo". A paixão é essencial para qualquer atividade humana, pois é justamente ela que tem o poder de concentrar e canalizar a nossa vontade.

E é ela que torna possível o novo e a ousadia de fazer coisas das quais nós mesmos duvidaríamos a princípio.

Quem já se apaixonou, sabe do que estou falando.

Combinando liderança e comprometimento com a habilidade de trabalhar em times

Quando falei em modelos de posicionamento no capítulo 2, fiz questão de frisar a importância do uso dinâmico da ferramenta de posicionamento, que pressupõe não apenas entender e mapear onde a marca se encontra hoje, mas definir onde ela deverá estar no futuro, ou seja, qual a sua visão estratégica. E para que uma visão de marca seja construída e seus objetivos de negócios atingidos, entra em ação a liderança de times de trabalho.

Há muitas definições possíveis de liderança. Quando pensa no tema, a maioria das pessoas imagina cenas heróicas, como as da batalha de Termópilas. A liderança é associada a algo inspirador e positivo, ao passo que autoridade, poder e mando são normalmente ligados à hierarquia e obrigação, e nem sempre vistos como algo positivo nas organizações.

A liderança, então, pressupõe a capacidade de influenciar indivíduos para atingir determinados objetivos.

Mas o que determina a liderança eficaz? Este é um tema complexo e eu poderia falar de incontáveis elementos. Mas há algo comum à visão de vários autores entendidos no assunto: liderança envolve um tipo de relação entre indivíduos que não pode ser construída sem credibilidade. Só é líder quem inspira confiança. E a construção dessa confiança, no mundo das marcas, depende de uma série de qualidades.

A primeira delas é a *competência técnica*. O domínio das ferramentas-chave e da forma de utilizá-las tende a aumentar a credibilidade envolvida na relação entre o líder e seus seguidores. A confiança da equipe aumenta, afinal, quando ela percebe que as decisões do líder são corretas. Aqui vale novamente a referência ao poeta Manoel de Barros. É importante conhecer a fundo as regras do jogo para poder não apenas lidar melhor com elas e usá-las a seu favor, mas também para poder criticá-las. Ou inventar novas regras.

Já se tornou um clássico a história do desafio lançado por Steve Jobs, que ajudou a inspirar a criação do I-Pod: "Os consumidores querem simplicidade e a nossa marca combina com esse desejo. Construam uma interface com apenas um botão". Parecia impossível de início, mas esse desafio levou a marca a um patamar de inovação altíssimo. Um bom exercício é fazer para a sua equipe perguntas aparentemente ingênuas, quase infantis, mas que ajudam a construir um novo olhar do mercado.

O físico americano Edwin Land tirava fotos da filha de 5 anos, quando ela perguntou: "Por que é que não podemos ver estas fotos agora?" Foi assim que ele percebeu que aquele era o mesmo desejo de muitos fotógrafos amadores. A partir dessa sacada, em 1948, ele criou a máquina Polaroid, capaz de produzir fotos instantâneas.

Um líder também precisa conhecer as formas de se relacionar com as pessoas e influenciar o time. Para isso, são importantes as seguintes qualidades:

- Predisposição para realizar sacrifícios pessoais pela marca, por projetos e sobretudo pelas pessoas do time. O líder precisa demonstrar seu compromisso com a empresa.

- Capacidade de reconhecer as qualidades e realizações da equipe, partilhando méritos pela entrega de determinado projeto ou iniciativa.

- Dar *feedback* não apenas em relação aos aspectos positivos das pessoas do time, mas em relação às suas áreas de oportunidade de melhoria, apontando claramente as formas de superar os obstáculos e desafios de crescimento. Ao desempenhar esse papel, o líder deixa claro que também se preocupa com o desenvolvimento de novos líderes.

- Investir na criação de um ambiente saudável, criando espírito de equipe. Isso não significa que o líder não possa às vezes estimular a competição saudável entre membros do time. Mas é fundamental saber como fazê-lo sem promover a cultura de disputa a qualquer custo.

- Reconhecer a importância de reunir aliados e entender as forças em jogo dentro do ambiente da empresa.

Outro aspecto importante da liderança é que ela necessariamente envolve mais de uma pessoa. É simples: não existe líder se não houver liderados. Isso nos leva a um outro comportamento fundamental dos profissionais de marketing, que é sua capacidade de trabalhar em times envolvendo pessoas com perfis e interesses distintos.

Desde a época em que nossos antepassados perceberam que em grupos poderiam caçar melhor (estabelecendo inclusive papéis distintos para os diferentes membros do clã), já estava claro o aprendizado de que, unidos, podemos criar ou produzir algo melhor do que qualquer um de nós conseguiria se estivesse sozinho.

Hoje, a maioria dos projetos pede a contribuição de áreas profissionais distintas como marketing, finanças e logística. Combinar talentos é a única maneira de atingir (e superar) as metas.

E para trabalhar em times não basta reunir numa sala um grupo de pessoas e esperar que tudo aconteça por acaso. É preciso que os objetivos sejam claros. Falei sobre definição de objetivos de negócio, de marketing e de comunicação no capítulo 5. Pois bem, para que as pessoas do time saibam em que direção devem seguir, essa definição é fundamental. Por isso, comunicação nunca é demais. As pessoas precisam ter clareza sobre a missão, os objetivos e as estratégias da empresa na qual trabalham.

A psicóloga Suzy Fleury define um grupo como sendo pessoas que se reúnem numa sala de cinema. Não há interação entre elas, que estão lá simplesmente para assistir a um filme. Já a equipe pode ser comparada ao elenco do filme: todos trabalham juntos orientados por uma meta específica, que é a melhor interpretação possível do roteiro.

Num projeto de inovação, por exemplo, é fundamental a contribuição da área de pesquisa de mercado e marketing para que os hábitos do consumidor sejam conhecidos e direcionados a uma demanda específica. Ao mesmo tempo, os responsáveis pela área de desenvolvimento precisam avaliar se a produção é viável, assim com a área de finanças deve levar em consideração os custos de produção, já que eles ditam o preço final do produto. E assim por diante.

Certa vez, estive envolvido num trabalho que previa o lançamento da primeira lata com sistema de tampa "abre fácil". Até então, ainda era necessário o uso de abridores de latas para abrir uma lata de molho de tomates, por exemplo. Em uma reunião do time, estávamos todos empolgados com a crença de que já tínhamos o protótipo perfeito para seguir com o desenvolvimento e lançamento do projeto. Foi então que um colega da área de trade marketing fez uma providencial intervenção.

Por estar em contato constante com os supermercados e clientes da empresa, a primeira coisa que ele fez ao pegar as latas nas mãos foi tentar empilhá-las. Nos supermercados, afinal, essa é a maneira de não desperdiçar espaço nas valiosas gôndolas. Bem, as latas não se empilharam, porque suas tampas possuíam um ângulo ligeiramente convexo, o que impedia o encaixe entre elas. Imediatamente a equipe tratou de resolver esse problema, evitando que o lançamento do produto viesse acompanhado de uma grande frustração entre os supermercadistas.

Como no esporte, cada time de marcas possui "atletas" com habilidades distintas, e todos são importantes no jogo. Mas é claro que, num ambiente onde convivem perfis tão distintos, é até natural que aconteça algum conflito. Então vemos que também é importante, num líder, a presença de habilidades políticas, de mediação e de reconhecimento.

E como boa parte das atividades humanas, o trabalho em times é algo que sempre pode ser melhorado. Portanto é muito importante discutir, ao final dos projetos, o que funcionou e o que poderia ser melhorado para que a equipe esteja sempre evoluindo.

O bom trabalho em times é sem dúvida muito produtivo e, portanto, desejado pelas empresas no processo de construção de marcas. Além disso, também pode ser muito enriquecedor para os indivíduos que participam do processo.

Reparem que falei em comportamentos que envolvem uma série de dimensões fundamentais:

- Pensamento analítico.
- Criatividade, empreendedorismo e capacidade de assumir riscos.
- Liderança e comprometimento.
- Eficácia e sabedoria no trabalho em times.

Há, entre os profissionais do mercado envolvidos com treinamento, o consenso de que é muito mais fácil treinar as pessoas quanto ao uso de ferramentas do que em relação à adoção de novos comportamentos. Isso é um fato. Mas não significa em absoluto que os profissionais não possam se desenvolver para adquirir e exercitar as características comportamentais que mencionei neste capítulo.

Imagine aquele dia em que você é chamado para sair mas está desanimado, cansado ou preocupado. Após muita insistência dos amigos, no entanto, você respira fundo, assume uma postura otimista e decide ir.

Muitas vezes, após uma hora de festa, você entra no clima, discute assuntos interessantes e, de repente, o ânimo que antes era apenas uma atitude se torna real.

Quero dizer com isso que a melhor forma de adquirir determinado comportamento é experimentando-o.

Como diz o ditado, o hábito faz o monge. Boa sorte, espero que a prática de tudo que discutimos neste livro seja útil para você!

Impressão e Acabamento

Prol
EDITORA GRAFICA